煤炭贸易
与物流管理研究

姚志刚　齐潇　郭佳　著

延吉·延边大学出版社

图书在版编目（CIP）数据

煤炭贸易与物流管理研究 / 姚志刚，齐潇，郭佳著.
延吉 ：延边大学出版社，2024.6. -- ISBN 978-7-230
-06740-9

Ⅰ. F764.1

中国国家版本馆 CIP 数据核字第 2024S34567 号

煤炭贸易与物流管理研究

著　　者：姚志刚　齐　潇　郭　佳
责任编辑：朱秋梅
封面设计：文合文化
出版发行：延边大学出版社
社　　址：吉林省延吉市公园路 977 号
邮　　编：133002
网　　址：http://www.ydcbs.com
E-mail：ydcbs@ydcbs.com
电　　话：0433-2732435
传　　真：0433-2732434
发行电话：0433-2733056
印　　刷：三河市嵩川印刷有限公司
开　　本：787 mm×1092 mm　1/16
印　　张：13
字　　数：239 千字
版　　次：2024 年 6 月　第 1 版
印　　次：2024 年 8 月　第 1 次印刷
ISBN 978-7-230-06740-9

定　　价：54.00 元

前　言

煤炭，这一曾经推动世界工业革命的黑色宝石，在过去数百年中一直是全球能源消费的重要组成部分。然而，随着时间的推移，尤其是在 21 世纪，煤炭产业面临着前所未有的挑战。全球对于可持续发展的追求，以及对环境保护的重视，要求煤炭产业必须在确保经济效益的同时，减少对环境的影响。因此，煤炭贸易与物流管理作为煤炭产业链中至关重要的两环，其优化与创新显得尤为重要。

在撰写本书之初，笔者深入分析了全球及中国煤炭市场的宏观环境、政策导向、技术进步以及国际贸易情况，认识到物流管理在煤炭产业链中的核心地位。本书共分为八章，首先，介绍了煤炭贸易的基本内容和煤炭经营相关法规与政策；其次，在分析国内外煤炭贸易的发展现状及未来的趋势走向的基础上，深入探讨了物流公共信息平台在煤炭物流供应链中的应用；最后，探究在循环经济背景下，煤炭贸易和物流管理如何适应环保要求，提升整体效率和效益，以构建一个高效、绿色、智能的煤炭物流体系。在此，笔者希望本书能够为煤炭行业的从业者、研究人员、政策制定者以及对煤炭贸易与物流管理感兴趣的读者们提供有价值的参考和启示。在全球经济和环境政策不断变化的今天，通过本书，期望能够为煤炭产业的可持续发展贡献绵薄之力，并推动煤炭产业向更清洁、高效的方向发展。

笔者在书中借鉴了国内外专家、学者的研究成果，在此，谨向有关的作者和为本书的出版付出辛勤劳动的编辑出版人员，以及很多帮助、支持本书编写的同人、朋友致以诚挚的谢意。编写时，虽力求体现科学性、实用性、时代性，但限于笔者的水平，书中一定存在许多不足之处，敬请读者提出宝贵意见。

目　　录

第一章　煤炭贸易

第一节　煤炭国际贸易

一、煤炭国际贸易概述

煤炭在世界范围内分布比较广泛，运输成本相对较高，所以，大多数主要产煤国生产的煤炭基本上以内销为主，全球煤炭贸易量相对于消费量而言并不大。由于运输成本较高，国际煤炭贸易一般发生在邻近的国家之间。但自 1973 年第一次石油危机以后，国际煤炭贸易发展呈现出大幅增长的态势。

国际煤炭市场大致可分为两大区域市场：亚太市场和欧美大西洋市场。

亚太煤炭市场的煤炭出口国家及地区有澳大利亚、印度尼西亚、中国、俄罗斯、越南、朝鲜、印度等；亚太煤炭市场的煤炭进口国家及地区有日本、韩国、中国、中国台湾、中国香港、印度、菲律宾、马来西亚等。

欧美煤炭市场的煤炭出口国家及地区主要有澳大利亚、南非、俄罗斯、波兰、美国、加拿大、哥伦比亚、委内瑞拉等；欧美煤炭市场的煤炭进口国家及地区主要有英国、法国、德国、意大利、荷兰、巴西、比利时、丹麦、希腊等。但随着各国经济规模的发展、海运市场的运费、煤炭市场供需量和价格等因素的变化，国际煤炭销售市场区域性划分也逐渐趋于模糊。

煤炭出口成本是出口竞争力的一个关键因素，总的出口成本包括从煤矿生产到进口国卸载港交货的全部费用。在主要煤炭出口国中，澳大利亚煤炭出口成本最低，是近年来全球出口煤炭的大国之一。其出口量占据全球出口量的30%左右，占亚太地区出口量的50%左右。由于运输距离的限制，其出口国相对比较稳定。例如，澳大利亚的出口对象 80%是亚洲，而亚洲的出口大国比如中国、印度尼西亚出口对象的 80%以上也在亚洲市场。所以，澳大利亚的煤炭价格可以作为国际上一个重要地区煤炭价格走势的风向标。

（一）世界主要煤炭出口国

全球煤炭出口市场由几个主要国家主导，这些国家凭借其丰富的煤炭资源、有效的基础设施，以及地理位置等因素，在全球煤炭贸易中占据着重要地位。以下是世界主要煤炭出口国的情况：

1.澳大利亚

澳大利亚是世界上重要的煤炭出口国之一。该国的煤炭资源主要集中在新南威尔士州和昆士兰州。澳大利亚出口的煤炭主要是焦煤和动力煤。澳大利亚的煤炭出口市场主要面向亚洲国家，尤其是中国、日本和韩国。澳大利亚的煤炭出口依赖于其高效的港口和运输基础设施。

2.印度尼西亚

印度尼西亚是世界上一个重要的煤炭出口国，也是世界上最大的热量煤出口国。印度尼西亚的煤炭主要出口到中国、印度、日本和韩国等亚洲国家。印度尼西亚的煤炭生产主要集中在加里曼丹岛和苏门答腊岛。由于其临近亚洲市场，印度尼西亚的煤炭出口享有地理优势。

3.俄罗斯

俄罗斯也是世界上一个主要的煤炭出口国，其煤炭资源丰富，分布广泛，尤其是在西伯利亚地区。俄罗斯的煤炭主要出口到欧洲和亚洲市场，特别是中国和韩国。俄罗斯的煤炭出口受益于其广阔的铁路网络和发达的港口设施。

4.美国

尽管美国国内对煤炭的需求已经减少，但它仍然是一个重要的煤炭出口国。美国煤炭的主要出口地包括欧洲、亚洲和南美市场。美国的煤炭出口受限于其内部的基础设施和运输成本，但其优质的低硫煤炭在国际市场上仍有竞争力。

5.南非

南非是非洲最大的煤炭生产国，也是世界主要的煤炭出口国之一。它的煤炭资源主要位于姆普马兰加省。南非的煤炭主要出口到印度、中国和欧洲市场。该国的煤炭出口依赖港口的运输能力。

6.哥伦比亚

哥伦比亚是拉丁美洲最大的煤炭出口国，其高品质的煤炭主要出口到欧洲、亚洲和美洲市场。哥伦比亚的煤炭生产主要集中在其北部地区，该地区拥有良好的出口基础设施。

7.加拿大

加拿大的煤炭出口主要集中在其西部省份，如不列颠哥伦比亚省，该省拥有丰富的煤炭资源。加拿大的煤炭主要出口到亚洲市场，尤其是日本、韩国和中国。

8.蒙古国

蒙古国虽然不是世界上最大的煤炭出口国，但近年来其煤炭出口量有显著增长。蒙古国的煤炭出口主要依赖于邻国中国的市场。

9.波兰和乌克兰

波兰和乌克兰也是重要的煤炭出口国，尽管它们的煤炭产量远低于上述提到的国家，但在欧盟市场中扮演着重要的角色。

这些主要煤炭出口国的共同特点是拥有丰富的煤炭资源和相对发达的煤炭开采与运输基础设施。煤炭作为一种传统能源，在全球能源结构转型的背景下，面临着许多挑战，包括环保法规的压力、可再生能源的竞争，以及煤炭消费国能源政策的变化。因此，煤炭出口国必须不断调整市场战略，以适应快速变化的全球能源市场。

（二）世界主要煤炭进口国

煤炭在全球能源供应中扮演着重要角色，尽管气候变化和清洁能源转型已成高频议题，但许多国家因能源需求、工业发展及能源安全等因素，依然依赖煤炭进口。目前日本、韩国和中国台湾因为资源短缺，是全球最大的煤炭进口国和地区。西欧各国随着本国煤炭产量的萎缩，也成为世界上重要的煤炭进口区。

1.中国

作为世界第一大能源消费国，中国也是世界主要的煤炭进口国之一。虽然中国本身拥有丰富的煤炭资源，但由于经济快速增长和能源需求的急剧增加，国内生产煤炭仍然满足不了全部需求。因此，中国需要从澳大利亚、印度尼西亚、俄罗斯等国家进口煤炭。中国的煤炭进口量会受国内政策调整、环境保护要求以及与煤炭出口国的贸易关系等多种因素的影响。

2.印度

随着经济的快速增长，印度已经成为世界上主要的煤炭进口国之一。尽管印度也拥有大量的煤炭资源，但由于煤炭质量和运输问题，印度的电力公司和钢铁行业仍然依赖进口煤。印度尼西亚和澳大利亚是印度的主要煤炭供应国。

3.日本

日本是世界上主要的煤炭进口国之一，日本本身煤炭资源缺乏，仅有的少量煤矿业日渐枯竭。20世纪50年代日本开始进口煤炭，80年代以来日本政府修改了煤炭工业政策，使外国煤炭免税进入日本市场。尽管日本在福岛核事故后重新评估了其能源政策，但煤炭在日本的能源组合中仍占有一定比例。日本进口煤炭市场的特点是煤源比较集中，澳大利亚、加拿大、美国是日本煤炭进口的主要来源。

4.韩国

韩国是一个工业化国家，其制造业和能源需求量巨大，韩国煤炭产量难以满足工业化生产的能源需求，也是世界上重要的煤炭进口国之一。作为一个工业化程度较高的国家，韩国的电力和钢铁行业需要大量使用煤炭。韩国主要从澳大利亚、印度尼西亚和俄罗斯等国进口煤炭。

5.欧洲国家

欧洲许多国家都需要进口煤炭，虽然英国、德国、波兰等国都产煤，但产量逐渐萎缩，同时近些年该地区在推动可再生能源方面虽然取得了一定的进展，却还是不能满足欧洲的煤炭需求，必须从欧盟外部进口。德国、英国、土耳其和意大利都是主要的煤炭进口国。目前美国、俄罗斯、南非是主要的供应国。

6.东南亚国家

随着经济的发展和能源需求的增长，越南、马来西亚和菲律宾等东南亚国家的煤炭进口量也在增加。这些国家大多数从澳大利亚和印度尼西亚进口煤炭。

二、煤炭国际贸易的特点

煤炭作为一种历史悠久的能源和工业原料，在国际贸易中一直扮演着重要角色。煤炭的国际贸易包括跨国界的煤炭买卖，涉及不同国家和地区之间的进出口活动。煤炭国际贸易有几个特点，这些特点在很大程度上决定了煤炭贸易的模式和发展趋势。以下是煤炭国际贸易的一些关键特点：

（一）物理特性的影响

煤炭体积大、重量重，其运输成本在总成本中占比较大。这种物理特性决定了煤炭贸易的地理模式。煤炭不像石油、天然气那样可以通过管道输送，它通常依赖于铁路和海运等大宗货物运输方式。因此，煤炭的国际贸易多发生在有足够运输能力和基础设施支撑的国家和地区。

（二）价格与运输

煤炭的价格相对其他能源较低，这导致运输成本在煤炭价格中占有较大比例，特别是在国际贸易中，煤炭贸易更加依赖地理位置和运输成本，远距离运输的煤炭可能因为运输成本的增加而在市场上变得不具竞争力。

（三）市场的波动性

煤炭价格受多种因素的影响，包括全球经济状况、货币汇率、供应和需求动态以及其他商品市场的波动。价格波动会影响煤炭生产商和消费者的行为，造成市场的不确定性。例如，中国作为全球最大的煤炭消费国，其国内煤炭需求的波动会显著影响全球煤炭市场。

（四）贸易政策与法规

煤炭的国际贸易受到各国政府政策和国际法规的影响。一些国家可能会因为环境和气候变化而出台相关政策限制煤炭使用和进口。同时，国际组织和协定，如《巴黎协定》等，也会对煤炭的生产、消费和贸易产生影响。

（五）环境考量

随着全球对于环境问题和气候变化的关注日益增加，煤炭作为一种碳排放密集型的能源，在许多国家的能源消费中所占比例正在减少。这种变化影响了煤炭的需求以及国际贸易格局，促进了清洁能源技术的发展和应用。

（六）基础设施的依赖性

煤炭贸易需要大量基础设施支持，包括矿山、港口、铁路以及货运船只等。投资这些基础设施需要大量资本，且通常需要政府的参与或支持。基础设施的建设和维护不仅关系到煤炭贸易的成本，也关系到该国家或地区能否成为煤炭贸易的主要参与者。

（七）长期合同与现货市场

煤炭的交易方式通常分为长期合同和现货市场两种。长期合同可以为买卖双方提供稳定的价格和供应量，减少市场波动的风险。而现货市场则提供了更高的灵活性，但同时也承担了更大的价格波动风险。

（八）地缘政治的影响

煤炭贸易可能受到地缘政治状况的影响。政治稳定与国际关系良好的国家和地区能够更顺畅地进行煤炭贸易。相反，政治紧张或冲突可能导致贸易障碍的出现，影响煤炭的流通。

（九）出口国的多样性

全球煤炭出口国相对分散，主要出口国如澳大利亚、印度尼西亚、俄罗斯、美国和南非等，它们的出口策略和国内政策会影响全球煤炭市场的供应情况。

（十）进口国的依赖度

一些国家由于国内资源匮乏，对煤炭的进口极为依赖，如日本、韩国和欧洲一些国家。这些国家的能源政策和市场需求会影响国际煤炭贸易的需求侧。

（十一）竞争与替代品

煤炭在能源市场上面临来自天然气、核能以及可再生能源等替代能源的竞争。这些能源的价格变动、技术进步和政策支持都可能促使消费者从煤炭转向其他能源，影响煤炭的国际贸易。

（十二）综合考量

煤炭国际贸易不仅仅是商品买卖的简单行为，它还涉及环境保护、能源安全、经济发展等多个方面。煤炭的生产、运输和消费都会对环境产生显著的影响，因此，在考虑煤炭贸易时，环境因素也成为一个不可忽视的重要因素。

煤炭的国际贸易是动态发展的，它受到全球经济、政治、技术和环境政策等多方面因素的影响。随着能源转型的推进和可再生能源技术的发展，煤炭在国际能源市场中的地位可能会发生重大变化，但在可预见的未来，煤炭仍将在全球能源供应中占有一席之地。

第二节　我国进出口煤炭贸易

煤炭行业是我国经济发展的支柱之一，煤炭也是经济建设重要的能源。煤炭企业在发展壮大的过程中，也会遇到各种问题，笔者鉴于对煤炭进出口贸易基本情况的分析，总结了煤炭进出口贸易的路径及未来发展趋势。

一、我国煤炭进出口贸易的基本情况

我国是煤炭生产大国，而煤炭进口是国内消费的重要补充，从 2000 年以来，我国煤炭进出口贸易量有着明显的波动趋势，但是整体呈现出增长状态，2009 年我国煤炭进口量首次超过出口量。我国的煤炭进口主要来源于印度尼西亚、俄罗斯和菲律宾等国家。在进口煤炭的煤种当中，主要有褐煤、无烟煤、炼焦煤以及其他烟煤。

电力规划设计总院在发布的《中国能源发展报告 2020》中指出，2015 年煤炭占能源消费总量的比重为 63.72%，到 2020 年降至 56.83%。在煤炭进口方面，据中华人民共和国海关总署发布的数据表明，2019 年我国共进口煤炭 29 967.4 万吨，同比增长了 6.3%，成为全球进口煤炭最多的国家，同期，我国出口了 600 多万吨的煤炭。这些数据表明我国的煤炭需求量很大，具体原因有以下几点：

第一，与消耗有关。据报道，我国的煤炭消耗量超过 40 亿吨。

第二，与成本有关。煤炭开采成本低，运输量低。

第三，我国是世界上最大的商品出口国，需要电力的支撑，为了稳定电力的供应需要消耗大量煤炭。

随着我国经济的快速发展，对能源的需求量也逐渐上升。煤炭作为储量最多的能源，在国内需求量大的主要原因是国内用电量较大；出口需求量增大的原因之一是海运价格较低，推动了出口贸易，另外其他国家对煤炭的需求，也增加了煤炭的出口量。煤炭是我国当前最安全、经济和可靠的能源之一，随着高新技术的发展和推广，开采煤炭的成本以及生产成本在逐步降低，洁净煤技术也在不断地突破中，使煤炭在未来国民经济中的地位越来越重要，与此同时，煤炭也在未来绿色能源产业结构中占据主导地位。总之，煤炭的需求量和重要性都证实了煤炭对我国而言是不可或缺的一部分，而且，煤炭进口渠道呈多样化，煤炭进出口贸易在市场环境的推动下对我国发展也有着重要的作用。

二、我国煤炭进出口贸易企业面临的主要问题

在当前的市场环境下，煤炭进出口贸易企业面临着多种问题，具体如下：

（一）煤炭企业实力参差不齐

多数煤炭进出口贸易企业中，看重短期暂时性的利益，片面追求销售数量和收入，导致管理方法较为粗糙，没有考虑长期的利益。同时，在当前的贸易市场中，煤炭贸易企业各有不同，煤炭企业的规模、实力参差不齐，尤其是部分民营企业，由于管理上的缺失，对于工人的工作任务存在分配不均的现象，以及在选聘工人和管理者方面，没有建立完善的选聘机制。

（二）煤炭企业管理人员的问题

煤炭企业内部管理方面，绝大多数管理人员没有清晰地认识到管理工作的重要性，煤炭企业中普通工人对于管理层的管理态度以及方式上存在一定的看法，这种现象是很普遍的，并且产生了极大的负面效应。

（三）管理系统的问题

煤炭企业内部员工的科学实践能力有待提高，企业内部没有科学健全的绩效考核制

度，使监督检查结果不能有效地公开，无法作为评定结果，也无法对企业员工进行奖励和惩罚。同时，由于管理控制信息系统在建设方面有所滞后，企业内部有些重要的信息无法在企业的各个部门之间进行有效的传递和监督，信息上不通畅的同时也阻碍了企业的发展。

（四）资金问题

煤炭进出口贸易对资金的需求量较大，很多企业在资金运作方面存在预付和赊账的行为。虽然这样可以暂时解决资金问题，但大多数企业在回收资金方面使用的方法不规范，不科学，较为粗犷。并且这些企业在资金方面没有建立合理科学的管理体系，长此以往，导致企业内部资金链频繁出现问题，进而降低企业资金的利用率。

三、影响我国煤炭进出口贸易因素

（一）国内外经济发展需求

1.国内经济发展需求

我国作为全球最大的煤炭消费国，其经济发展水平和产业结构调整对煤炭进出口需求有显著影响。工业化和城市化进程推动了电力、钢铁和建材等煤炭密集型行业的发展，进而增加了对煤炭的需求。因此，国内宏观经济政策、产业政策和区域发展策略都会对煤炭贸易产生影响。

2.国际市场供需变化

世界其他国家的供需变化也会对我国的煤炭进出口贸易产生影响。当全球市场上煤炭供应过剩或价格低于我国国内市场价格时，进口成本低廉的煤炭对我国企业来说更具吸引力。相反，全球煤炭价格上涨时，我国出口煤炭将更加有利可图。

（二）能源结构变化和政策的偏向

1.能源多样化

随着环保意识的不断提高和科技的进步，为了减少对煤炭的依赖，我国积极推进能源结构多样化，发展可再生能源和核能等。尤其在可再生能源领域，如风能、太阳能的技术创新和成本下降，都在逐步改变能源消费的格局。这种趋势会减少对传统煤炭资源的依赖,从而影响煤炭的进口需求。随着新能源技术的成熟和应用,替代能源会在一定程度上取代煤炭的市场份额,降低煤炭在能源消费中的比重。

2.环境保护政策

我国政府在减少污染、应对气候变化方面制定了一系列政策,比如"气代煤""电代煤"等,旨在降低对煤炭的依赖,增加清洁能源的比重。这些政策直接影响了国内煤炭的消费,刺激对清洁煤炭技术的投资。

(三)基础设施与物流

1.运输物流成本

煤炭作为一种大宗商品,其运输成本在整个成本结构中占有重要比重。尤其是海上运输,由于煤炭运输量大,航程远,海运费用的波动对煤炭的进出口成本有直接的影响。例如,国际油价上涨会增加海运成本,进而影响煤炭进口贸易。

运输成本的上升会直接增加进口煤炭的到岸成本,使其在国内市场上的竞争力下降;而运输成本的下降可以降低进口煤炭的价格,从而增强其在国内市场的竞争力。因此,海运费用的变化会直接影响我国煤炭的进口量和结构。

2.进出口设施

港口、铁路和道路的基础设施是煤炭进出口活动中至关重要的一环。它们的质量和容量直接关系到煤炭贸易的效率和成本,进而影响煤炭在全球贸易中的竞争力。

首先,港口是煤炭进出口的重要节点。港口的容量大小、装卸效率以及对大型船舶的接纳能力,都直接影响着煤炭进出口的速度和成本。一个具备高效作业能力和现代化设施的港口可以大幅提升装卸速度,减少港口等待时间,进而减少滞留成本。其次,铁路作为连接矿区、内陆城市与港口的主要运输方式,其运输能力对煤炭进出口同样至关重要。铁路网络的覆盖面、运输频率、列车容量以及可靠性都会影响煤炭运输的效率。最后,道路运输在煤炭进出口中通常作为第一公里(从矿区到铁路或港口)和最后一公里(从铁路或港口到最终用户)的衔接环节,道路的状况、通行能力以及交通规则都会影响煤炭的运输效率。

四、我国煤炭进出口贸易的发展路径

（一）提高可持续发展

我国煤炭分布不均，在开采和利用方面，需要进行合理的布局，才能实现可持续发展。在资源重组方面，可以走集约道路，除了使煤炭企业本身强大之外，还可以为那些处于困境的小型企业提供发展方向。在设备方面，需要引进先进的技术手段，淘汰落后的设备，这样在产业转型升级的时候可以及时提供技术支持。在政策方面，需要一定的政策支持和帮助，逐步完善煤炭开采以及贸易方面的法律，使煤炭企业在政策的支持下，不断发展壮大。在企业内部方面，要加强各方面的管理，向高质量、高要求的企业发展，规范企业内部规章制度，提高人员技术和素质要求。总之，煤炭分布不均可以调控，也可以转变发展方向，但是也要考量生态环境，要切实保护资源，向长远发展。

（二）引导煤炭行业结构升级

当前国内煤炭贸易行业存在诸多弊端，需要对煤炭行业进行监管，需要一系列的政策规定及资金的支持，为行业提供有力支撑，加快煤炭贸易行业的转型。首先，要淘汰生产管理落后、高污染、高消耗的企业，重点扶持那些有国际竞争力的节能型企业，给煤炭行业树立标杆，提高煤炭行业的实力。其次，利用高新科技创新技术，向技术和资本密集型模式发展，不再以量取胜。这样获得的利润也会增加。在利用科技的同时，需要加强专业人才的培养。在推进煤炭产业结构升级方面，吸引投资，引进先进的生产技术设备，鼓励开采绿色、安全和高效的煤炭。最后，考虑长远发展，需要建立煤炭战略性储备机制，在突发应急时，可以有效地应对突发事件，例如，可以选择适合的地方建设储备基地，做好储备工作。

（三）以政策为导向发展清洁煤

现阶段，越来越多的行业都朝着环保的方向看齐，煤炭行业也需要减少污染排放，提高开采效率。2017 年，在联合国组织的能源会议上，参会国家和企业承诺，要发展碳捕获、利用和封存技术。这是一种循环再利用的技术，从长远视角来说，有利于社会和经济综合利益的增加。首先，政策导向是践行此技术的重要支持，需要政府给予必要的政策和资金的支持，鼓励煤炭企业积极利用清洁煤技术。其次，企业内部应该积极主动地引进这种技术,顺应时代潮流的同时,给企业未来的发展带来更高的效益。

综上所述,站在政策导向角度探讨当前我国煤炭进出口贸易的发展路径。首先,煤炭贸易企业的发展需要政策引导,政策的支持可以为煤炭行业的发展提供方向,有利于企业内部工作的有效开展;其次,煤炭进出口贸易企业与其他企业不同,它需要具有国际竞争力并且倡导清洁能源,所以面对煤炭进出口贸易,企业需要提高实力以应对未来的挑战;最后,企业内部的管理需要重视,尤其是中小型企业,需要采取对策进行规划管理,为煤炭行业发展壮大扫清障碍,为我国社会经济发展作贡献。

五、我国煤炭进出口的未来发展趋势

(一)清洁煤是未来煤炭进出口的方向

近年来,环境问题日益受到世界各国的重视。煤炭在为我国经济社会持续平稳发展提供能源保障的同时,其带来的资源、环境、生态和安全问题也越来越突出。所以,在煤炭从开发到利用全过程中,减少污染排放、提高利用效率成为必然趋势。对于煤炭行业,积极推广清洁煤技术,从长远看,有较高的社会效益和综合经济效益。推广清洁煤技术,一方面政府应给予必要的政策和资金支持,鼓励煤炭企业提高清洁煤技术的利用率。以日本为例,日本计划在 2030 年实现煤炭资源循环利用,实现煤炭利用零排放,并制定了分三个阶段的技术研发和推广战略。在日本,将煤炭作为清洁能源使用的主要技术障碍已不存在。日本的经验说明,国家加大对煤炭清洁高效利用技术的研发、投入、推广,是推动洁净煤技术发展的重要动力。另一方面煤炭企业应主动引进、开发和利用清洁煤技术。遵循市场需求发展的规律,坚持技术进步与管理创新,煤炭企业才能在市场中获得更高的效益和更长远的发展。

(二)煤炭贸易价格将继续稳中上涨

我国煤炭无论在产量上还是进口数量上在全球均占有很大的比重,主导地位突出,所以我国政策或经济环境的变化,对全球煤炭市场会产生影响。结合我国目前煤炭现状分析,未来煤炭贸易价格将继续高位运行。从我国国情分析,影响煤炭贸易价格的主要因素如下:

第一,煤炭贸易受环保要求的制约,且清洁煤技术的推广和应用成本较高,势必会加大落后产能淘汰，煤炭供应下降，导致价格趋于上涨。

第二，煤炭供需不平衡也会导致价格上涨。2015 年以来，受供给侧改革和需求改善等影响，煤炭价格探底回升。2017 年，全国煤价屡次走高，其背后与供需不平衡紧密相关，下游需求激增，导致短时期内全国煤炭供应偏紧，从而致使煤价走高。

第三，我国相关的政策也会影响煤价的变化。

第三节　煤炭进出口贸易基本知识

一、外贸常见英文缩略词

外贸常见英文缩略词如下所示：

第一，CFR（cost and freight），即成本加运费价。

第二，T/T（telegraphic transfer），即电汇。

第三，（document against payment），即付款交单。

第四，D/A（document against acceptance），即承兑交单。

第五，C.O（certificate of origin），即一般原产地证。

第六，G.S.P.（generalized system of preferences），即普惠制。

第七，DL/DLS（dollar/dollars），即美元。

第八，WT（weight），即重量。

第九，G.W.（gross weight），即毛重。

第十，N.W.（net weight），即净重。

第十一，C/D（customs declaration），即报关单。

第十二，FAC（facsimile），即传真。

第十三，IMP（import），即进口。

第十四，EXP（export），即出口。

第十五，MAX（maximum），即最大的、最大限度的。

第十六，MIN（minimum），即最小的、最小限度的。

第十七，M 或 MED（medium），即中等、中等的。

第十八，M/V（merchant vessel），即商船。

第十九，S.S（steamship），即船运。

第二十，MT 或 M/T（metric ton），即吨。

第二十一，DOC（document），即文件、单据。

第二十二，P/L（packing list），即装箱单、明细表。

第二十三，INV（invoice），即发票。

第二十四，PCT（percent），即百分比。

第二十五，EMS（express mail special），即特快专递。

第二十六，STL（style），即式样、款式、类型。

第二十七，T 或 LTX 或 TX（telex），即电传。

第二十八，RMB（renminbi），即人民币。

第二十九，S/M（shipping marks），即装船标记。

第三十，PR 或 PRC（price），即价格。

第三十一，PUR（purchase），即购买、购货。

第三十二，S/C（sales contract），即销售确认书。

第三十三，L/C（letter of credit），即信用证。

第三十四，B/L（bill of lading），即提单。

第三十五，FOB（free on board），即离岸价。

第三十六，CIF（cost，insurance&freight），即成本、保险加运费价。

二、煤炭进出口贸易合同基本内容

煤炭进出口贸易合同，是地处不同国家的当事人双方买卖煤达成的协议，是当事人各自履行约定义务的依据，也是一旦发生违约行为时，进行补救、处理争议的依据。为此，一项有效的煤炭进出口贸易合同，必须具备必要的内容，否则就会使当事人在履行义务、进行违约补救或处理争议时产生困难。一般来说，煤炭进出口贸易合同应包括以下几个方面的内容：

（一）品质条款（Quality Clause）

煤炭的品质（Quality of Goal）是指煤的内在质量和外观形态的综合。前者包括煤的物理性质、化学成分等自然属性；后者包括煤的外观、形态、粒度等。

品质条款的基本内容是所交易煤的品名、等级、标准、规格等。其中表征煤炭质量的重要指标包括发热量、硫含量、灰分、挥发分、全水分、内在水分、固定碳、自由膨胀系数、灰熔融、可磨性、结焦性、煤的元素分析、煤灰成分分析、岩相分析、粒度分析等。

品质机动幅度（Quality Latitude）是指交易双方商定，允许交货的品质与合同要求的品质略有不同，只要没有超过机动幅度的范围，买方就无权拒收。例如，有合同规定，空气干燥基灰分在 10.0%～11.0%，干燥基挥发分在 32.0%～36.0%等类似的款项。

品质的增减价格条款以及拒收条款应依附于品质条款之中，它是卖方交付货物的品质与合同中品质条款的规定出现差异时，买方对货物所作相应调整（拒收、增减价格）方面的依据。煤炭进出口贸易合同中的增减价格条款常见的有发热量、灰分、硫分等。

（二）其他条款

数量条款的基本内容是规定交货的数量和使用的计量单位。如果是按重量计算的货物，还应规定计算重量的方法。如毛重（Gross Weight）、净重（Net Weight）或以毛作净、公量等以及是水尺计重还是衡器计重等。

国际贸易中的不同商品，需要采用不同的计量单位。通常使用吨、长吨、短吨等。

因世界上各国的度量衡制度不同，造成同一计量单位所表示的数量不一。在国际贸易中，通常采用公制、英制、美制和国际标准计量组织在公制基础上颁布的国际单位制。《中华人民共和国计量法》规定，国家采用国际单位制。国际单位制计量单位和国家选定的其他计量单位，为国家法定计量单位。目前，除个别特殊领域外，一般不许再使用非法定计量单位。

上述不同的度量衡制度会导致同一计量单位所表示的数量有差异。例如，就表示重量的吨而言，实行公制的国家一般采用吨，即每吨为 1 000kg；实行英制的国家一般采用长吨，即每长吨为 1 016kg；实行美制的国家一般采用短吨，即每短吨为 907kg。我国出口的煤炭大都采用吨。

1.数量条款（Quantity Clause）

为了便于履行合同和避免引起争议，煤炭进出口贸易合同中的数量条款中应当明确具体。一般不宜采用"大约""近似""左右"等带伸缩性的字眼来表示。

2.溢短装条款（More or Less Clause）

溢短装条款是指在合同的数量条款中应明确规定交货数量可以增加或减少，但增减的幅度以不超过规定的百分比为限。煤炭增减幅度一般为±10%。

3.包装条款（Packing Clause）

煤炭进出口贸易合同中包装条款比较简单，因为大部分煤炭是以散装形式运输。因此，在包装这一条款中常用 IN BULK 叙述。在出口块煤时，为减少块煤破碎率，有时也采用袋装的包装形式装船。

4.价格条款（Price Clause）

价格条款是由单价（Unit Price）和总值（Amount）组成。其中单价包括计量单位、单位价格金额、计价货币、价格术语四项内容。

价格术语是关于价格条件的一种专门用语，即用一个简短的英文词语或缩写的英文字母表示商品的价格构成，作为买卖双方各自应办理的手续、承担的费用与风险以及货物所有权转移的界限。常用的有以下两种价格术语：

（1）离岸价（Free On Board，以下简称"FOB"）

在 FOB 贸易方式中，当货物越过船舷时，卖方即有权按照合同规定向买方收取货款。简而言之，一旦货物离开码头，卖方责任即告解除。

①FOB 贸易方式下卖方责任

第一，在合同规定的日期或期限内，按港口习惯的方式在指定的装运港将货物交到买方的船只上，并给予买方货物已装船的充分通知。

第二，承担货物在指定装运港装船时越过船舷为止的一切费用和货物损失或损坏的一切风险。

第三，自行承担风险及费用，取得出口许可证或其他官方批准证件，并办理货物出口所需的一切海关手续。

第四，提供有关装运单据或相等的电子数据资料。

②FOB 贸易条款下买方责任

第一，租船订舱，支付运费，并给予卖方关于船名、装货地点和所要求交货的时间的充分通知。

第二，负担货物在指定装运港已越过船舷时起，与货物有关的一切费用。

第三，办理保险，支付保险费。

第四，自行负担风险和费用，取得进口许可证或其他官方批准证件，并办理货物进口以及必要时经由另一国过境所必需的一切海关手续。

（2）成本、保险加运费价（Cost.Insurance and Freight，以下简称"CIF"）

在 CIF 贸易方式中，卖方需将货物安全运抵买方指定的港口后，才能享有相应的权利。其中所涉及的所有中间费用均由卖方承担。

①C.I.F 贸易方式下卖方责任

第一，负责租船订舱，在合同规定的装运港和规定的期限内租船订舱，办理运输合同将货物装上船并支付至目的港的运费。装船后通知买方。

第二，负担货物装上船以前的一切费用和风险。

第三，办理保险，支付保险费。

第四，负责办理出口手续，提供出口国政府或有关方面签发的证件。

第五，提供有关装运单据。

②C.I.F 贸易方式下买方责任

第一，负担货物装船以后的一切费用和风险。

第二，接受由卖方提供的有关货运、保险单据，并按合同规定支付货款。

第三，办理在目的港的接货和进口手续。

目前，我国煤炭进出口贸易合同一般采用 FOB 价格。但为支持国内航运和保险行业，国家鼓励出口企业采用 CIF 价格成交。

5.支付条款（Terms of Payment）

（1）汇付方式下的支付条款

使用汇付方式时，应在合同中明确规定汇付的时间、具体的汇付方式和汇付的金额等。

（2）托收方式下的支付条款

使用托收方式时，应在合同中明确规定交单条件、方式和买方的付款或承兑责任以及付款期限等。

（3）信用证方式下的支付条款

使用信用证方式时，应在合同中明确受益人、开证行、开证时间、信用证的种类、金额、有效期和到期地点等方面的内容。

6.违约条款（Breach Clause）

（1）异议与索赔条款

该条款的主要内容为一方违约，对方有权提出索赔。这是索赔的基本前提。此外还包括索赔依据、索赔期限等。索赔依据主要规定索赔必备的证据及出证机构。若提供的证据不充足、不齐全、不清楚，或出证机构未经对方同意，均可能遭到对方拒赔。

（2）罚金条款

该条款主要规定当一方违约时，应向对方支付一定数额的违约罚金，以弥补对方的损失。罚金就其性质而言就是违约金。

7.不可抗力条款（Force Majeure Clause）

该条款实际上也是一项免责条款。不可抗力，是指在合同签订后，不是由于当事人的过失或疏忽，而是由于发生了当事人所不能预见的、无法避免和无法预防的意外事故，以致不能履行或不能如期履行合同，遭受意外事故的一方可以免除履行合同的责任或可以延期履行合同，另一方无权要求损害赔偿。

（1）构成不可抗力必须具备以下几个条件

第一，它是在签订合同以后，合同履行完毕之前发生的，并且是在签订合同时当事人所不能预见的。

第二，它不是由于任何一方当事人的过失或疏忽行为所造成的，即不是由于当事人的主观原因所造成的。

第三，它是双方当事人所不能控制的，即这种事件的发生是不能预见、无法避免、无法预防的。

因此，凡人们能够预见而未预见，经过努力能够预防或控制的，均不属于不可抗力事件。

（2）不可抗力条款的内容包括

第一，不可抗力事故的范围通常可分为两大类，一类是由于自然力量所引起的，如地震、海啸、台风、暴风雪、火灾、旱灾、水灾等；另一类是由于社会力量所引起的，如战争、罢工、政府禁令等。

第二，不可抗力的法律后果，主要表现在解除合同、免除部分责任、延迟履行合同等方面。

第三，因不可抗力事件而不能履行合同的一方当事人应承担的义务，包括及时通知的义务、提供证明的义务。

三、煤炭进出口分类、编码及检验检疫类别

为了进出口煤炭的检验监管，在办理煤炭出入境报关、报验业务时，应按照规定对煤炭进行分类，确定各种类型煤的商品编号，同时依据编号，确定海关监管条件及检验检疫的类别。煤炭进出口分类、编码及检验检疫类别如表 1-1 所示：

表 1-1 煤炭进出口分类、编码及检验检疫类别

商品编号	商品名称	计量单位	监管条件	检验检疫类别
2701110010	无烟煤（不论是否粉化，但未制成型）	kg	A	M
2701110090	无烟煤滤料	kg	A	M
2701121000	未制成型的炼焦煤（不论是否粉化）	kg	A	M
2701129000	其他烟煤（不论是否粉化，但未制成型）	kg	A	M
2701190000	其他煤（不论是否粉化，但未制成型）	kg	A	M
2703000010	泥炭（草炭）【沼泽（湿地）中，地上植物枯死、腐烂堆积而成的有机矿体（不论干湿）】	kg	A/B	P/Q
270300090	泥煤（包括肥料用泥煤）（不论是否成型）	kg	A/B	P/Q

注 1：表中"监管条件"项下的代码分别表示：

A——实施进境检验检疫；B——实施出境检验检疫。

注 2：表中"检验检疫类别"项下的代码分别表示：

M——进口商品检验；P——进境动植物、动植物产品检疫；

N——出口商品检验；Q——出境动植物、动植物产品检疫。

第四节　煤炭国内交易

一、我国煤炭产业发展概况

煤炭是地球上蕴藏量最丰富、分布地域最广的化石能源。构成煤炭有机质的元素主要有碳、氢、氧、氮和硫等，此外，还有极少量的磷、氟、氯和砷等元素。

（一）分类

我国煤炭分类首先按照煤的干燥无灰基挥发分等指标，将所有煤分为 3 大类：无烟煤、烟煤和褐煤，对于无烟煤和褐煤，又分别按照煤化程度和工业利用特点分为 3 个和 2 个亚类，而烟煤则按干燥无灰基挥发分和黏结性等指标进一步划分为 12 个细分种类：贫煤、贫瘦煤、瘦煤、焦煤、肥煤、1/3 焦煤、气肥煤、气煤、1/2 中黏煤、弱黏煤、不黏煤、长焰煤。而按照煤炭用途和使用目的分类，我国煤炭则可以划分为动力煤、炼焦煤（主焦煤）和无烟煤 3 大类，其中动力煤主要指作为动力原料的煤炭，狭义上指用于火力发电的煤，热值和挥发分要求相对低于化工煤，而炼焦煤（主焦煤）则具有中/低挥发分、中/强黏结性的特点，在我国炼焦煤资源相对稀缺，主要用于炼焦炭，焦炭则多用于炼钢，是钢铁等行业的主要生产原料。

（二）发展背景

1.经济

由于煤炭产能释放周期较长，后续新增产能主要取决于煤炭产业固定投资情况。据国家统计局数据，2017 年后行业投资热情开始回暖，2021 年煤炭采选业固定资产投资额再度回升至 4 000 亿元以上的高位，同比增长 11.1%，2022 年达到 4 988.5 亿元，同比上涨 24.4%。

2.政策

在政策强调构建清洁低碳、安全高效的能源体系的背景下，绿色低碳能源占比逐渐提高，煤炭行业政策越发集中于强调向高质量清洁低碳方向转型，提高煤矿工作安全性和规范性，促进行业朝高质量发展、清洁化、智能化方向发展成为主旋律。

2016 年 12 月，《煤炭工业发展"十三五"规划》中提出，努力建设集约、安全、高效、绿色的现代煤炭工业体系。

2017 年 2 月，《煤炭深加工产业示范"十三五"规划》中提出，鼓励煤炭行业紧抓供给侧改革的重要契机，重点开展煤制油、煤制天然气等 5 类模式以及通用技术装备的升级示范。

2018 年 4 月，《关于做好 2018 年重点领域化解过剩产能工作的通知》中提出，力争化解煤炭过剩产能 1.5 亿吨左右，确保 8 亿吨左右煤炭去产能目标实现三年"大头落地"。坚定不移处置"僵尸企业"。

2019 年 9 月，《关于加大政策支持力度进一步推进煤电联营工作的通知》中提出，细化煤电联营实现形式，煤电联营包括煤电一体化、煤电交叉持股、煤电企业合并重组等形式。

2020 年 2 月，《关于加快煤矿智能化发展的指导意见》中提出，提出加快生产煤矿智能化改造，提升新建煤矿智能化水平。

2020 年 6 月，《关于做好 2020 年重点领域化解过剩产能工作的通知》中提出，确保去产能任务在 2020 年底前全面完成。

2020 年 9 月，《煤炭矿区总体规划管理规定（修订征求意见稿）》中提出，规划总规模 1 000 万吨 / 年及以上的矿区，其总体规划由国家发展改革委审批；规划总规模 1 000 万吨 / 年以下的矿区，其总体规划由省级煤炭矿区总体规划管理部门审批，报国家发展改革委备案。

2021 年 6 月，《煤炭工业"十四五"高质量发展指导意见》中提出，到"十四五"末，国内煤炭产量控制在 41 亿吨左右，全国煤炭消费量控制在 42 亿吨左右，年均消费增长 1%左右。全国煤矿数量控制在 4 000 处以内，大型煤矿产量占 85%以上。

2021 年 12 月，《关于进一步加强煤矿防灭火和瓦斯防治工作的通知》中提出，严厉打击通风系统不健全、防灭火措施落实不到位、瓦斯超限作业等行为。

二、我国煤炭市场交易现状

（一）储量

根据中华人民共和国自然资源部（以下简称"自然资源部"）发布的数据显示，2021年，我国煤炭探明储量为2 078.85亿吨，2022年，我国煤炭储量为2 070.12亿吨，同比去年几乎不变。分地区来看，2022年，山西、内蒙古、新疆、陕西地区煤炭储量稳居全国前四，分别为483.1亿吨、411.22亿吨、341.86亿吨、290.97亿吨，合计占我国煤炭储量的73.77%。

（二）产量及需求量

随着煤炭产能逐步释放，我国煤炭产量快速增加，2022年全国煤炭产量为45.6亿吨，同比增长10.4%。大企业特别是中央企业发挥了积极带头作用，完成了我国25%以上的煤炭供应。需求方面，我国煤炭需求量从2011年的39.71亿吨提升至48.49亿吨。

（三）进出口数量

我国煤炭供应相对充足，进口煤炭主要用于弥补国内需求的不足和品种的差异。根据中国海关总署数据，2022年我国煤炭进口量为2.93亿吨，同比减少9%。相比之下，2022年全国累计出口煤炭仅0.04亿吨。

三、煤炭交易应注意的事项

煤炭交易中应注意以下事项：

（一）辨别煤种

辨别煤种的主要依据是挥发分，但还要参考全水分、内在水分或氢含量等指标，如变质程度较低的煤的全水分和内在水分都很高，氢含量也是区别煤种的主要指标。对于炼焦用煤还要做结焦性试验，必要时可做一下岩相分析（镜质组随机平均反射率），避免以低阶煤和高阶煤的混煤假冒主焦煤销售。

（二）核查煤的质量

在辨别煤种之后，则要看煤的质量状况，可先看煤的外观情况，观察矸石含量的多少，矸石含量多，则可燃成分低，发热量必然低；其次要看灰分的含量，因为灰分与发热量有非常显著的负相关关系，因此，灰分的高低也决定了发热量的高低；还要看全水分含量的高低，全水分高则低位发热量低；要想确切地了解发热量则要送实验室进行测试。

硫分的含量也是必须化验的一项重要指标，因为硫分是一种有害元素，可造成环境的污染、腐蚀工业设备、影响人类的健康等，是国家和用煤企业严格控制的一项指标。客户或企业所需的其他煤炭质量指标在交易之前必须弄清。

（三）商品煤质检验

目前商品煤质量检验和验收中存在不少问题，一是用户对到达的商品煤不按国家标准要求进行采样、制样、化验，或采样、制样不具代表性，使煤炭质量争议增加；二是采样设备以及操作不规范，检验存在误差，这是引起商品煤质量争议的主要原因之一；三是发生质量纠纷后，缺乏有效的协调与制约机制。2002 年 10 月 1 日，实施的《商品煤质量抽查和验收方法》对买受方验收商品煤质量常用的检测项目、采样地点、制样、化验方法、评定标准和争议解决等主要问题都进行了规范。此标准虽是推荐性标准，但经供需双方认可，可作为交易各方共同遵守的规则。

发热量是煤炭交易中的计价指标，为避免贸易纠纷，最好按《商品煤质量抽查和验收方法》的规定，改变现在国内煤炭贸易中大都以煤的收到基低位发热量为计价依据的做法，改为以干燥基高位发热量为计价依据。

《商品煤质量抽查和验收方法》对卖方的报告值、买方的检验值、煤炭合同约定值、产品规格规定之间的差值都规定了允许误差幅度。只要在国标允许误差幅度内都应当视为符合合同规定，不应当罚款。如果双方检验值误差超过允许误差，并产生了争议，可按规定买卖双方共同采样、制样并化验或委托第三方检验解决。国外煤炭贸易商对争议的解决办法一般是，把裁决方检验值（共同化验值或第三方化验值）与买卖双方的值相比较，裁决检验值靠近哪方值，即以哪方的值为准，而另一方负责商检费，如果裁决值恰好是买卖方的中间值，则合同执行以裁决值为准，费用则由双方分摊。

（四）商品煤数量计量

在商品煤计量中，应规定重量以误差最小的计量方法为准；衡器尽量以静态衡器为准；交易量较大的航运可以以水尺计重为准。煤炭产品的特殊性决定了商品煤在运输过程中会有损耗，交易双方应规定合理的自然损耗标准。

卖方的商品煤的数量（重量）值，为合同结算货款依据。买方可以复验，复验时，买方应通知卖方到场，复验结果应当考虑运输和换装过程中的自然合理损耗。

（五）商品煤交货方式

目前煤炭交易主要有矿场交货、货交承运人、港口落地交货、离岸交货、到岸交货、到场（站）交货等交货方式。交易双方应参考借鉴国际货物买卖的有关规定及《2000年国际贸易术语解释通则》，结合我国特点，对交易方式、买卖双方的义务、费用、风险的划分和交货完成地点进行明确规定，并规定以何方的质量检验、数量计量结果作为计价依据。

（六）商品煤运输合同

运输是煤炭交易的主要环节。目前运输过程中存在诸如运输计划和实际相背离，运输过程中发生数量亏吨或被盗、混杂等问题。在商品煤运输合同中，要结合《中华人民共和国铁路法》《铁路货物运输规程》，参照《煤炭购运销合同实施办法》《铁路货物运输合同实施细则》《公路货物运输合同实施细则》《水路货物运输合同实施细则》等有关规定，对运输过程中出现的问题加以规范。

（七）煤炭贸易合同

综合国内外煤炭贸易合同，应特别注意一个问题：主合同要订得细致完备。所有合同条款都要体现在主合同中，包括买卖双方名称地址，装、卸地点，合同签订时间，合同条款释义，合同期限，数量，发运和运输，所有权和风险转移，煤炭质量指标，采样和化验，称量，价格和价格调整，商业单据，支付，信用，不可抗力，记录，审计，信息使用，清理陈欠款，不履行合同责任，补偿和终止，通知，协作，担保，权利义务放弃，保密，合同修改，继承和委托，适用法律，煤炭再出售和买方的权利，补救措施等。为避免引起歧义，最好改用"确认书"来代替以往使用的"补充协议"。"确认书"的具体内容只是对主合同的质量指标，煤炭价格，支付方式和时间，装运期，装、卸地点，数量，质量，陈欠货款，指标，质量调整等具体化，即对不同矿点、不同煤种、不同交货期等方面进行明细化。

合同应当明确规定，出现争议，买方应在 18 小时内通知卖方，卖方应在 3 日内派人到达买方地点处理解决争议。

（八）货款结算方式及结算期限

在国际煤炭贸易中，大都采用信用证支付，无论采用何种价格条款，都改变不了买方在卖方发货时要支付货款的习惯做法。我国煤款支付按用户类别分为两种：对于用煤量小或实力比较小的煤炭用户采用全额预付款方式；对实力比较雄厚的大中用户，卖方在发煤后的 3 日内向买方开出发票和有关单据，结算发票按实际发生项目实开发票，买方在收到发票和单据后 5 日内全额付款。对于有陈欠款的用户，还应当将陈欠款还款比例列入合同。合同应明确由买方承担运杂费、返空费、租车费。

煤炭交易双方只有根据国家有关法律和国际煤炭贸易惯例签订煤炭销售和采购合同，并严格按合同办事，规范煤炭交易行为，才能圆满执行合同，减少合作中不必要的争议和烦恼，为企业创造更大的效益。

四、国内煤炭交易模式

（一）订单交易模式

订单交易是指买卖双方在本平台分别发出买入和卖出报价，交易系统按价格优先、时间优先的原则自动对买卖指令匹配成交，并生成电子合同，随后买卖双方按照合同规定的交收日期，在指定交收仓库完成现货交收的一种交易模式。

在订单交易模式中，卖方如果有符合标准的煤炭产品可以直接按照交易规则进行交易，如果不能提供标准化煤炭产品可以委托平台进行配煤业务，通过配煤操作生产出符合标准的产品，随后发布交易信息。

（二）现货挂牌交易模式

现货挂牌电子交易是指卖方会员通过本市场现货挂牌电子交易平台将包含产品热值、煤种、成分含量、质量等级、销售价格等信息的标的商品挂牌出售，买方会员在挂牌出售信息中选择所要采购的标的商品进行买入，成交后即视为买卖双方签订现货购销合同的一种现货交易模式。

挂牌交易可以满足交易商对煤炭种类较多、质量差距较大等多样化的需求。卖方在系统中将可供产品的主要属性和规格、交货地点、交货时间、数量、价格、支付方式等信息自主对外发布挂牌，买方一旦接受挂牌即签订订货合同。在签约过程中，买卖双方通过系统可就价格、交易数量、运输方式等进行协商。挂牌交易为不可转让交易，买卖成交后，必须进行货物与货款交收。

挂牌交易模式灵活方便，不仅适用于自营的煤炭业务，同时广泛吸纳社会上煤炭贸易的各参与方，减少中间环节，降低交易成本，减少商品库存和资金占用，促进煤炭贸易和流通。挂牌交易可以满足以下多种参与方的煤炭贸易：

第一，煤炭加工企业使用网上订购。煤炭加工企业根据市场预测和生产计划，通过电子订货交易方式，在价格较低时提前预购，保证有充足数量煤炭供给生产，同时减少购买成本、存储成本，锁定利润，有效地组织生产和经营活动。

第二，煤炭经销企业网上调货和销售。煤炭经销商根据市场预测，通过电子订货交易方式，在价格较低时，提前预购，在煤炭价格升高后，通过市场卖出或者交割，从而获得利润价差。

第三，煤炭生产企业网上销售。煤炭生产企业根据煤炭产量和市场预测，在合适的月份提前卖出煤炭，在交割月交割，保证了煤炭的销售，同时获得更好的利润。

第四，第三方网上统购代销。煤炭行业有其自身的特点，一些产品掌握在一些企业的手中，出现了相对垄断的局面，而这种产品的保存期又较短，不利于存放，企业对这种商品的需求很强，买方向卖方讨价还价的能力差，基本上属于卖方市场，在这种情况下，可以围绕这种商品，开办第三方统购代销业务，即把经销商、下游需求厂家的业务订单组合起来，统一向生产厂家订货，以总量得到生产厂家更大的折扣，并以多种服务产品包括但不限于金融、仓储、物流等进行服务和支持，以第四方物流的规划来使成本最低，效益最大。以会员制的形式，广泛地发展会员，提高订单量，促进业务发展。

现货挂牌交易模式具有价格由市场自发形成，透明，买卖操作方便容易，过程简单，买卖双方直接对接，交易效率高，交收时间短，回款快等市场特点。

（三）竞买（保证金）模式

在线竞买是指某供货商（卖方）将一定数量的商品作为标的，通过本市场交易系统发布竞买要约，买方在交易市场指定的银行账户存入一定的履约保证金才能进行竞买操作，在竞买过程中，由买方以向上出价方式进行公开竞价，最后满足卖方销售数量的一个或多个报价按由高到低的顺序排序，由位列前列的买方拍得标的商品，并签订电子合同的一种交易模式。

（四）竞卖（仓单）模式

在线竞卖是指某购货商（买方）将需采购一定数量商品的需求作为标的，通过本市场交易系统发布竞卖要约，卖方必须在交易市场有注册仓单才能进行竞卖操作，在竞卖过程中，由卖方以向下出价方式进行公开竞价，最后满足买方订货数量的一个或多个报价按由低到高的顺序排序，由位列前列的卖方拍得标的需求，并签订电子合同的一种交易模式。

第五节　我国主要煤炭运输港口

在铁路、水路和公路三种煤炭运输方式中，水路以其运量大、成本低的优势发挥了十分重要的作用，很大程度上缓解了铁路运输的压力，成为煤炭运输不可或缺的一种方式。目前水路运输承运的煤炭主要来源于三个地区：一是山西、陕西、内蒙古西部地区煤炭经铁路、公路到北方沿海港口，由海运中转至华东、华南沿海地区和出口国外；二是山西南部、河南、安徽、山东及贵州地区的煤炭由铁路、公路运至长江、大运河中转到华东地区；三是贵州地区有少量煤炭经长江运往广东地区。沿海、长江是华东、华南地区煤炭运输的主要通道，水路运输承担了华南地区调进煤炭的90%，承担了华东地区调进煤炭的70%。

一、秦皇岛港

秦皇岛港始建于1898年，它地处渤海之滨，扼东北、华北之咽喉，是我国北方著名的天然不冻港。这里海岸曲折，港阔水深，风平浪静，泥沙淤积很少，两条主航道处于免维护状态，作业基本不受自然气候的影响，万吨货轮可自由出入。秦皇岛港具有广阔的煤炭资源腹地和优越的铁路集港条件，来自山西、陕西、内蒙古和河北省区的煤炭，可通过大秦、京秦和京山三条铁路干线直达港内。特别是大秦线，是中国能力最大的煤炭运输专用铁路。

秦皇岛港经营的煤炭绝大部分产自内蒙古、山西及陕西地区，这些煤炭通过大秦线运输至港口，装船后由北向南运往中国东南沿海地区。煤炭主要以铁路运输的方式运达秦皇岛港。据统计，秦皇岛港运营 50 个泊位，包括 44 个万吨级以上泊位。其中，23 个煤炭泊位、7 个油品及液体化工泊位、17 个杂货泊位、3 个集装箱泊位。除此之外，秦皇岛港拥有堆存能力 1 027 万吨的专业化煤炭堆场，堆存能力 219 万吨的杂货堆场，15 个总仓储能力为 28.6 万立方米的油罐及堆存 2.3 万标准箱的集装箱堆场。

秦皇岛港的年吞吐量仅次于上海港，是全国第二大港口。秦皇岛港是世界第一大能源输出港，是我国"北煤南运"大通道的主枢纽港，担负着我国南方"八省一市"的煤炭供应，占全国沿海港口下水煤炭的 50%左右。

二、唐山港

唐山港位于河北省唐山市东南沿海，是中国对外开放口岸；是能源、原材料等大宗物资专业化运输系统的重要组成部分；是河北省、北京市、华北及西北部分地区经济发展和对外开放的重要窗口之一；是唐山市经济社会发展的重要依托；是曹妃甸循环经济示范区、唐山海港经济开发区开发建设的重要基础设施及战略资源。2021 年 12 月 23 日，唐山港入选 2021 年可持续发展港口十强。唐山港分为曹妃甸港区和京唐港区。

曹妃甸港区位于唐山市南部 70km 南堡地区曹妃甸岛，一个距离海岸 18km 的带状小沙洲，因岛上原有曹妃庙而得名。该港区具有吃水深、航道宽等特点，适宜运输大宗货物。我国铁矿石、原油等原燃料的进口数量不断增长，海洋运输的船型吨位越来越大，需要深水大港来承接。曹妃甸港口的建设，有利于提高我国承接能源矿石进口的能力，有利于缓解煤炭船港能力不足和"北煤南运"的矛盾。

京唐港区位于唐山市东南 80 千米处的唐山海港开发区境内，渤海湾北岸，陆上距北京市 230 千米，海上距上海港 669 海里（海里，1 海里=1852 米），距香港 1360 海里，距日本长崎港 680 海里，距韩国仁川港 400 海里；位于环渤海经济圈中心地带，是大北京战略的重要组成部分。

早在 1919 年，孙中山先生在《建国方略》中就提出要在此地建设"与纽约等大""为世界贸易之通路"的"北方大港"。

三、天津港

天津位于渤海湾最西端，自古以来就是中国北方的交通运输枢纽和重要的对外贸易口岸。天津港是中国北方最大的国际贸易港口和首都北京的海上门户，也是华北乃至西北大部分地区走向世界的最近的入海口。背靠三北、西向东亚，直接经济腹地为天津、北京、河北、山西、内蒙古、陕西、甘肃、宁夏、青海、新疆等多个省区市，面积达 100 多万平方公里，连同交叉腹地（辽宁西部、河南、山东、四川、西藏地区）在内，面积达 350 多万平方公里。目前天津港已同世界上的 160 多个国家和地区的 300 多个港口有贸易往来。天津港是中国最大的人工港，由海港和河港两部分组成，海港又分成北疆和南疆两部分。天津港的交通条件也相当优越，天津是中国北方重要的铁路枢纽，连接京山、京广、津浦、津蓟，唐津高速公路、津沽公路、津沽二线、津塘疏港公路等使天津港与各省市连接更加紧密，交通快捷方便。近几年来，天津港的港口生产和建设实现快速发展。

2022 年 8 月 10 日，5G 助力天津港打造智慧、绿色的世界一流港口，入选"2022年 5G 十大应用案例"。它采用边生产边改造的建设方式，相继攻克世界性智慧港口建设诸多难题，落地了 5G 智能无人集卡、5G 岸桥远程控制、5G 智能理货、5G 智能加解锁站等四大 5G 创新应用场景，成为全球首个获批建设的港口自动驾驶示范区，实现全球首个无人集卡场景下陆侧"一键着箱"，实现国内首家集装箱智能理货系统内外理一体化运行，建成全球首台集装箱地面智能解锁站，建成全球首个集装箱设备任务集成管理系统。

四、青岛港

青岛港始建于 1892 年，已具有 132 年历史的国家特大型港口，青岛港由大港港区、黄岛油港区、前湾港区、董家口港区和威海港区五大港区组成。青岛港业务遍及全球 180 多个国家和地区的 700 多个港口。截至 2023 年，青岛港拥有世界最大的 40 万吨级矿石码头、45 万吨级原油码头，可停靠世界最大的 2.4 万标准箱船舶的集装箱码头，可停靠世界最大 22.7 万吨级邮轮的专用码头和世界一流的国际邮轮客运中心。截至 2023 年 5 月，青岛港有集装箱航线 200 余条。2021 年货物吞吐量完成 6.57 亿吨，同比增长 4.2%；集装箱完成 2 482 万标准箱，同比增长 7.8%。

多年来，青岛港始终坚持"质量兴港、科技兴港、实干兴港"的方针，牢固树立"质量、服务、信誉是青岛港的生命线"的观念，不断加强"五个文明"（文明装卸、文明生产、文明施工、文明环境、文明服务）管理。青岛港被中华人民共和国交通运输部确定为全国交通系统"三学一创"典型和全国港口行业唯一的示范"窗口"，并获得全国"创争"活动示范单位、国家环境友好企业、全国十大国家质量管理卓越企业、中国企业形象建设十佳单位、中国十大最具影响力品牌、中国行业龙头品牌、全国优秀企业家、全国优秀企业、五一劳动奖章、中国企业管理杰出贡献奖、全国创建文明行业工作先进单位、全国思想政治工作优秀企业、新世纪中国改革十大新闻人物、2002 年国家质量管理卓越企业、中国企业 500 强、中国最具影响力企业之一、全国质量管理奖等荣誉称号。

五、连云港港

连云港港口位于太平洋西海岸、中国黄海之滨，与韩国、日本等国家主要港口相距在 500 海里的近洋扇面内。现为江苏省最大海港，苏北和中西部最经济便捷的出海口，新亚欧大陆桥东桥头堡，是我国沿海主枢纽港和能源外运的重要口岸之一，以腹地内集装箱运输为主，并承担亚欧大陆间国际集装箱水陆联运的重要中转港口，集贸易、仓储、保税、信息等服务于一体的综合性大型沿海商港。

连云港港于 1933 年开港。2021 年 3 月，《国家综合立体交通网规划纲要》印发，连云港港被列为全国沿海 27 个主要港口之一，并正式确定为国际枢纽海港。2022 年 9 月 17 日零时起，江苏连云港港 30 万吨级航道全线开通使用。与此同时，连云港港在"一带一路"建设中被定位为中哈物流合作基地、上合组织出海基地。现已形成连云、赣榆、徐圩、灌河"一港四区"，30 万吨级航道水深超过 20 米，万吨级以上的海港泊位 79 个，千吨级以上的内河泊位 35 个，最大泊位等级 30 万吨级，设计能力 1.99 亿吨。

第二章　煤炭经营相关法规与政策

第一节　中华人民共和国煤炭法（节选）

为了合理开发利用和保护煤炭资源，规范煤炭生产、经营活动，促进和保障煤炭行业的发展，国家制定了《中华人民共和国煤炭法》。

中华人民共和国煤炭法于 1996 年 8 月 29 日第八届全国人民代表大会常务委员会第二十一次会议通过。自 1996 年 12 月 1 日起施行。

煤炭法共分八章八十条：第一章总则；第二章煤炭生产开发规划与煤矿建设；第三章煤炭生产与煤矿安全；第四章煤炭经营；第五章煤矿矿区保护；第六章监督检查；第七章法律责任；第八章附则以及刑法有关条款构成。与煤炭经营直接有关的是第四章，条文如下：

第四十六条　依法取得煤炭生产许可证的煤矿企业，有权销售本企业生产的煤炭。

第四十七条　设立煤炭经营企业，应当具备下列条件：

（一）有与其经营规模相适应的注册资金；

（二）有固定的经营场所；

（三）有必要的设施和储存煤炭的场地；

（四）有符合标准的计量和质量检验设备；

（五）符合国家对煤炭经营企业合理布局的要求；

（六）法律、行政法规规定的其他条件。

第四十八条　设立煤炭经营企业，须向国务院指定的部门或者省、自治区、直辖市人民政府指定的部门提出申请；由国务院指定的部门或者省、自治区、直辖市人民政府指定的部门依照本法第四十七条规定的条件和国务院规定的分级管理的权限进行资格审查；符合条件的，予以批准。申请人凭批准文件向工商行政管理部门申请领取营业执照后，方可从事煤炭经营。

第四十九条 煤炭经营企业从事煤炭经营，应当遵守有关法律、法规的规定，改善服务，保障供应。禁止一切非法经营活动。

第五十条 煤炭经营应当减少中间环节和取消不合理的中间环节，提倡有条件的煤矿企业直销。

煤炭用户和煤炭销区的煤炭经营企业有权直接从煤矿企业购进煤炭。在煤炭产区可以组成煤炭销售、运输服务机构，为中小煤矿办理经销、运输业务。

禁止行政机关违反国家规定擅自设立煤炭供应的中间环节和额外加收费用。

第五十一条 从事煤炭运输的车站、港口及其他运输企业不得利用其掌握的运力作为参与煤炭经营、谋取不正当利益的手段。

第五十二条 国务院物价行政主管部门会同国务院煤炭管理部门和有关部门对煤炭的销售价格进行监督管理。

第五十三条 煤矿企业和煤炭经营企业供应用户的煤炭质量应当符合国家标准或者行业标准，质级相符，质价相符。用户对煤炭质量有特殊要求的，由供需双方在煤炭购销合同中约定。

煤矿企业和煤炭经营企业不得在煤炭中掺杂、掺假，以次充好。

第五十四条 煤矿企业和煤炭经营企业供应用户的煤炭质量不符合国家标准或者行业标准，或者不符合合同约定，或者质级不符、质价不符，给用户造成损失的，应当依法给予赔偿。

第五十五条 煤矿企业、煤炭经营企业、运输企业和煤炭用户应当依照法律、国务院有关规定或者合同约定供应、运输和接卸煤炭。

运输企业应当将承运的不同质量的煤炭分装、分堆。

第五十六条 煤炭的进出口依照国务院的规定，实行统一管理。

具备条件的大型煤矿企业经国务院对外经济贸易主管部门依法许可，有权从事煤炭出口经营。

第五十七条 煤炭经营管理办法，由国务院依照本法制定。

第二节　煤炭出口配额管理办法

根据《中华人民共和国对外贸易法》和《中华人民共和国货物进出口管理条例》，国家发展和改革委员会会同商务部、海关总署制定了《煤炭出口配额管理办法》。具体如下：

第一章　总则

第一条　为规范煤炭出口，保证煤炭出口配额管理工作符合效率、公正、公开和透明的原则，维护煤炭的正常出口秩序，根据《中华人民共和国对外贸易法》和《中华人民共和国货物进出口管理条例》的有关规定，制定本办法。

第二条　国家发展和改革委员会（以下简称发展改革委）会同商务部负责确定全国煤炭出口配额总量及分配工作。

第三条　本办法适用于一般贸易方式下煤炭的出口。其他贸易方式下煤炭出口按现行有关规定办理。

第二章　煤炭出口配额总量、申请

第四条　每年煤炭出口配额总量及申请程序，由发展改革委于 2003 年 10 月 31 日前在中国经济信息网（http://www.cei.gov.cn/）、国家发展和改革委员会网站（http://www.sdpc.gov.cn/）上公布。

第五条　确定煤炭出口配额总量时，应当考虑以下因素：

（一）保障国家经济安全；

（二）合理利用煤炭资源；

（三）符合国家有关产业发展规划、目标和政策；

（四）国际、国内市场供求状况。

第六条　煤炭出口实行国营贸易管理。已获得煤炭出口国有贸易经营权的出口企业可以申请煤炭出口配额。

第七条 出口企业应当以正式书面方式向发展改革委提出配额申请，并按要求提交相关文件和资料。

第八条 发展改革委于每年 11 月 1 日至 11 月 15 日受理煤炭出口企业提出的下一年度煤炭出口配额申请。

第三章 煤炭出口配额的分配、调整和管理

第九条 发展改革委会同商务部于每年 12 月 15 日前将下一年度煤炭出口配额总量的 80%下达给企业。剩余部分将不晚于当年 6 月 30 日下达。

第十条 煤炭出口配额参考企业上一年度煤炭出口实绩分配。

第十一条 煤炭出口配额有效期截至当年 12 月 31 日。

第十二条 如发生下列情况时，可以对已分配的配额进行调整：

（一）国际市场发生重大变化；

（二）国内资源状况发生重大变化；

（三）出口企业配额使用进度明显不均衡；

（四）其他需要调整配额的情况。

第十三条 煤炭出口企业凭配额批准文件，按照有关出口许可证管理规定，向商务部授权的许可证发证机构申领出口许可证，凭出口许可证向海关办理报关验放手续。

煤炭出口许可证管理按照商务部许可证管理有关规定执行。

第十四条 煤炭出口企业于每月 5 日前将上月煤炭出口配额使用情况报发展改革委备案。

第四章 法律责任

第十五条 煤炭出口经营者在煤炭出口中有违法、违规行为，受到海关、税务、商检、外汇管理等部门处罚的，发展改革委可酌情扣减其已获得的煤炭出口配额。

第十六条 煤炭出口经营者伪造、变造出口配额批准文件或出口许可证，或者以欺骗或其他不正当手段获取出口配额、批准文件或出口许可证的，依照《货物进出口条例》第六十六条、第六十七条规定处罚。发展改革委并可以取消其已获得的煤炭出口配额。

第十七条 对配额分配决定或处罚决定有异议的，可以依照《行政复议法》提起行

政复议，也可以依法向人民法院提起诉讼。

第五章 附则

第十八条 本办法由发展改革委、商务部、海关总署负责解释。

第十九条 本办法自 2004 年 7 月 1 日起施行。

第三节 进出口煤炭检验管理办法

《进出口煤炭检验管理办法》经 2006 年 5 月 30 日国家质量监督检验检疫总局（现为中华人民共和国国家市场监督管理总局）局务会议审议通过，自 2006 年 8 月 1 日起施行。

第一章 总则

第一条 为规范进出口煤炭检验工作，保护人民健康和安全，保护环境，提高进出口煤炭质量和促进煤炭贸易发展，根据《中华人民共和国进出口商品检验法》（以下简称商检法）及其实施条例等相关法律法规的规定，制定本办法。

第二条 本办法适用于进出口煤炭的检验和监督管理。

第三条 国家质量监督检验检疫总局（以下简称"国家质检总局"）主管全国进出口煤炭的检验监管工作。

国家市场监督管理总局设在各地的出入境检验检疫机构（以下简称"检验检疫机构"）按照职能分工对进出口煤炭实施检验和监督管理。

第四条 检验检疫机构对进口煤炭实施口岸检验监管的方式，对出口煤炭实施产地监督管理和口岸检验监管相结合的方式。

第二章 进口煤炭检验

第五条 进口煤炭由卸货口岸检验检疫机构检验。

第六条　进口煤炭的收货人或者其代理人应当在进口煤炭卸货之前按照国家质检总局相关规定向卸货口岸检验检疫机构报检。

进口煤炭应当在口岸检验检疫机构的监督下，在具备检验条件的场所卸货。

第七条　检验检疫机构对进口煤炭涉及安全、卫生、环保的项目及相关品质、数量、重量实施检验，并在 10 个工作日内根据检验结果出具证书。

未经检验或者检验不合格的进口煤炭不准销售、使用。

第八条　对进口煤炭中发现的质量问题，检验检疫机构应当责成收货人或者其代理人在监管下进行有效处理；发现安全、卫生、环保项目不合格的，按照商检法实施条例有关规定处理，并及时上报国家质检总局。

第三章　出口煤炭检验

第九条　出口煤炭生产企业所在地检验检疫机构（以下简称产地检验检疫机构）负责辖区内出口煤炭生产企业的分类管理和日常监管。

出口口岸检验检疫机构负责本口岸出口煤炭的检验。

第十条　出口煤炭生产企业实行分类管理制度。产地检验检疫机构接受出口煤炭生产企业自愿申请，对其质量诚信度、生产加工工艺、生产技术条件、质量保证能力等按照标准进行考核，将出口煤炭生产企业分为 A、B、C、D 4 种类别，实施不同条件要求的监管方式。

第十一条　根据自愿原则，出口煤炭生产企业可以向所在地检验检疫机构提出分类管理申请，申请时应当提供以下材料：

（一）分类管理申请书；

（二）营业执照复印件；

（三）安全生产许可证；

（四）质量管理体系证明文件；

（五）企业矿（站）区平面图；

（六）生产工艺说明；

（七）国家市场质检总局要求的其他材料。

第十二条　检验检疫机构接到申请后，应当对申请材料进行审查。经审查不合格的，应当告知申请企业需要补正的全部内容；审查合格的，应当在 10 个工作日内组织现场考核，并在现场考核之日起 20 个工作日内确定申请企业实施分类管理的类别。

第十三条　A 类企业应当符合下列条件：

（一）应当是精煤生产企业；

（二）严格遵守国家法律法规及国家质检总局的相关规定；

（三）具有健全的质量管理体系，获得 ISO 9000 质量体系认证或者具备相应的质量保证能力；

（四）配备有足够的运行有效的雷管和铁器清除装置；

（五）选煤工艺能够保证出口煤炭品质稳定；

（六）出口煤炭 2 年内未发生过涉及安全、卫生、环保重大质量事故；

（七）出口煤炭涉及安全、卫生、环保项目符合相关国家技术规范强制性要求。

第十四条　B 类企业应当符合下列条件：

（一）应当是精煤生产企业、加工自产原煤的出口煤炭生产企业、部分洗选的出口煤炭生产企业；

（二）严格遵守国家法律法规及国家质检总局的相关规定；

（三）具有较健全的质量管理体系；

（四）配备有足够的雷管和铁器清除装置，且运行有效；

（五）出口煤炭 1 年内未发生过重大涉及安全、卫生、环保质量事故；

（六）出口煤炭涉及安全、卫生、环保项目符合相关国家技术规范强制性要求。

第十五条　C 类企业应当符合下列条件：

（一）应当是收购原煤加工出口煤炭的煤炭集运站，以及未被评定为 A、B 类的精煤生产企业、加工自产原煤的出口煤炭生产企业、部分洗选的出口煤炭生产企业；

（二）严格遵守国家法律法规及国家质检总局的相关规定；

（三）具有健全的质量管理制度，配备有足够的雷管和铁器清除装置，且运行有效；

（四）为其提供原煤的矿点必须经产地检验检疫机构普查核准，普查核准的重点是雷管等涉及安全、卫生、环保的质量指标；

（五）出口煤炭涉及安全、卫生、环保项目符合相关国家技术规范强制性要求。

第十六条　未向检验检疫机构提出分类管理申请的，或者提出申请，但不符合 A、B、C 3 种生产企业分类类别的，自动列入 D 类企业。

第十七条　产地检验检疫机构根据国家质检总局相关规定对出口煤炭生产企业实施专项抽查检测，并通报抽查检测结果。对 A 类企业的抽查比例应当控制在其所申报批次的 5% 至 15%；对 B 类企业的抽查比例应当控制在其所申报批次的 16% 至 45%；对

C 类企业的抽查比例应当控制在其所申报批次的 46%至 100%；对 D 类企业的抽查比例为 100%。

专项抽查检测内容由国家市场监督管理总局统一制定并组织实施。

第十八条 出口煤炭生产企业在每批出口煤炭装车发货前，凭出口合同或者其主管部门下达的出口计划，以及企业自检合格单，向产地检验检疫机构申报。产地检验检疫机构根据日常监管情况，按照有关规定签发《出境货物换证凭单》。

《出境货物换证凭单》的有效期为 6 个月，超过有效期的，出口煤炭生产企业或者经营企业可到检验检疫机构申请延期。检验检疫机构经核查确认准确无误后，可将相应批次《出境货物换证凭单》的有效期续延 3 个月。

第十九条 出口煤炭经营企业应当在出口煤炭到达口岸卸货前，按照国家质检局相关规定向口岸检验检疫机构报检，报检时应当提供《出境货物换证凭单》。不能提供的，口岸检验检疫机构不予受理报检。

出口煤炭经营企业出口配煤报检时，应当提供配煤方案、货物垛位和装载方式等资料。

第二十条 出口煤炭由产地运抵口岸后，应当在口岸检验检疫机构监督下，在具备检验条件的场所卸货。

出口煤炭经营企业应当对进入口岸堆场的出口煤炭按煤种分别堆放，设置明显标记，不得混堆。

第二十一条 口岸检验检疫机构对《出境货物换证凭单》的数量进行核销。

第二十二条 口岸检验检疫机构对出口煤炭涉及安全、卫生、环保的项目及相关品质、数量、重量实施检验，并在 10 个工作日内根据检验结果出具证书。

第二十三条 对出口煤炭中发现的质量问题，口岸检验检疫机构应当责成出口煤炭经营企业在监管下进行有效处理；发现涉及安全、卫生、环保严重质量问题，不能进行有效处理的，不准出口。

第四章 监督管理

第二十四条 产地检验检疫机构负责对辖区内出口煤炭生产企业实施日常监督管理。

口岸检验检疫机构负责本口岸进出口煤炭的监督管理。

第二十五条 产地检验检疫机构对出口煤炭生产企业实施日常监督管理的内容

包括：

（一）企业遵守国家法律法规及国家质检总局相关规定的情况；

（二）企业质量诚信情况；

（三）企业质量管理体系运行情况；

（四）雷管和铁器清除装置配置情况及运行状况；

（五）生产加工工艺情况；

（六）专项抽查检测；

（七）质量问题调查；

（八）其他需要检查的情况。

产地检验检疫机构应当根据日常监督管理情况，建立煤炭生产企业监管档案。

第二十六条 产地检验检疫机构对实施分类管理的出口煤炭生产企业每年度进行一次考核。

第二十七条 产地检验检疫机构根据年度考核结果、监管档案信息及口岸检验检疫机构的反馈对出口煤炭生产企业实施动态管理，按照国家质检总局相关规定升级或者降级。

第二十八条 对有下列情形之一的出口煤炭生产企业，产地检验检疫机构应当责令其限期整改，整改期间暂停向该企业签发《出境货物换证凭单》，并上报国家质检总局：

（一）发现有不诚信行为的；

（二）拒不接受或者故意逃避监管的；

（三）发现雷管和铁器清除装置配置不齐全或者运行不正常的；

（四）发生涉及安全、卫生、环保质量问题，情节严重的；

（五）专项抽查检测不合格批次超过其所申报批次 5%的。

产地检验检疫机构经审查，对整改后符合国家质检总局相关规定的企业恢复签发《出境货物换证凭单》。

第二十九条 出口煤炭生产企业和经营企业应当完善质量管理制度，健全质量保证体系，强化质量诚信意识，接受检验检疫机构的监督管理，确保出口煤炭质量符合国家安全、卫生、环保技术规范强制性要求。

第三十条 口岸检验检疫机构按照相关国家技术规范的强制性要求对本口岸进出口煤炭的除杂、质量验收等情况进行监督管理。

第三十一条 国家质检总局、检验检疫机构应当根据便利对外贸易的需要，采取有效措施，简化程序，方便进出口。

办理进出口煤炭报检和检验监管等手续，符合条件的，可以采用电子数据文件的形式。

第三十二条　口岸检验检疫机构与产地检验检疫机构应当建立信息快速传递机制，实施信息电子化传递方式。

口岸检验检疫机构与产地检验检疫机构应当每3个月就出口煤炭检验监管互相通报情况，并就检验监管中发生的重大问题及时沟通。

产地检验检疫机构应当及时向口岸检验检疫机构通报辖区内出口煤炭生产企业的分类评定情况。

第三十三条　口岸检验检疫机构应当每半年进行一次进出口煤炭质量分析，上报国家质检总局。出口煤炭质量分析应当抄送相关产地检验检疫机构。

第三十四条　检验检疫机构应当及时将收集到的国内外反映强烈的进出口煤炭安全、卫生、环保质量问题向国家质检总局报告。

国家质检总局对进口煤炭涉及安全、卫生、环保问题严重的情况发布预警通报。

第三十五条　检验检疫机构对伪造、涂改、冒用《出境货物换证凭单》及其他违反商检法有关规定的行为，依照商检法有关规定进行处理。

第三十六条　检验检疫机构及其工作人员履行职责时，应当遵守法律，维护国家利益，依照法定职权和法定程序严格执法，接受监督。

检验检疫工作人员应当定期接受业务培训和考核，经考核合格，方可上岗执行职务。

检验检疫工作人员应当忠于职守，文明服务，遵守职业道德，不得滥用职权，谋取私利。

第三十七条　检验检疫工作人员违反商检法规定，泄露所知悉的商业秘密的，依法给予行政处分，有违法所得的，没收违法所得；构成犯罪的，依法追究刑事责任。

检验检疫工作人员滥用职权，故意刁难的，徇私舞弊，伪造检验结果的，或者玩忽职守，延误检验出证的，依法给予行政处分；构成犯罪的，依法追究刑事责任。

第五章　附则

第三十八条　由产地装运、未更换运输工具，原运输工具直接运输出口的煤炭，按照商检法实施条例的规定实施产地检验、口岸查验检验监管。

第三十九条　本办法公布前已经由检验检疫机构实施分类管理的出口煤炭生产企

业，检验检疫机构仍按照原分类管理监管类别对该企业实施监管。

第四十条 本办法由国家质检总局负责解释。

第四十一条 本办法自 2006 年 8 月 1 日起施行，原国家出入境检验检疫局发布的《出口煤炭检验管理办法》（国家检验检疫局第 18 号令）同时废止。

煤炭经营相关的法律法规以及规定还有《中华人民共和国合同法》《中华人民共和国价格法》《中华人民共和国反不正当法》《中华人民共和国进出口商品检验法》《中华人民共和国进出口商品检验法实施条例》《中华人民共和国进出境动植物检疫法》《中华人民共和国进出境动植物检疫法实施条例》《煤炭货款结算办法》等。由于篇幅所限，这里不再一一介绍。

第三章　我国煤炭资源现状分析

第一节　我国煤炭储量状况

2022 年 9 月 21 日，自然资源部发布 2022 年度《中国矿产资源报告》（以下简称"报告"）。报告着重介绍了 2021 年以来我国在地质矿产调查评价、矿产资源勘查开发、矿山生态修复、绿色矿山建设等方面的新进展，矿产资源政策法规新变化，矿产资源管理等方面的新举措，科技创新等方面的新动态，以及"一带一路"国际地质矿产合作的新成果。

报告指出，2021 年我国煤炭地质勘查投入 13.49 亿元，同比增长 10.3%；钻探工作量 52 万米，同比减少 46.9%。

中国能源消费结构不断改善。2021 年煤炭消费占一次能源消费总量的比重为56.0%，石油占 18.5%，天然气占 8.9%，水电、核电、风电等非化石能源占 16.6%。

与十年前相比，煤炭消费占能源消费比重下降了 14.2 个百分点，水电、核电、风电等非化石能源比重提高了 8.2 个百分点。

2021 年煤炭产量为 41.3 亿吨，比上年增长 5.7%，消费量 42.3 亿吨，增长 4.6%。石油产量 1.99 亿吨，增长 2.1%，消费量 7.2 亿吨，增长 4.1%。天然气产量 2 075.8 亿立方米，增长 7.8%，消费量 3 690 亿立方米，增长 12.5%。

一、煤炭资源储量核实问题探讨

（一）煤炭资源储量核实指标

1.工业指标

煤炭资源储量核实的基础是矿区地质勘探报告和矿井地质报告，而各类报告的编制时间存在一定差异，并且大部分早期编制的报告与当前工业发展中的各项指标存在较大差异。

（1）最低可采厚度

通过深入分析我国早期编制的相关煤矿地质报告，可知非炼焦用煤层（倾角<25°时）的最低可采厚度大于等于0.6m，而煤矿区的表外部分每层倾角一般为25°～45°。该值与当前我国煤矿行业的各项指标不统一，故需严格按照新的工业指标进行储量计算。

（2）煤种划分

我国1958年制定的《中国煤炭分类试行方案》主要依据煤层的挥发分和胶质层厚度对煤种进行了明确划分。当前在对煤矿资源储量核实的过程中主要根据《中国煤炭分类》（GB/T5751-2009），依据煤层挥发分、黏结指数（G值）、胶质层厚度等参数进行煤种划分。当前我国各个煤矿的生产矿井已经采取新的分类方法进行了重新划分，但却未对各个生产矿区和地方小矿井的生产区域进行分类，因而需要严格根据不同的煤种进行资源储量核实。

2.储量系数

笔者选取了23座矿井进行了煤矿资源储量系数计算。通过计算得出，各个矿井的储量系数最高达到了0.768，而最低为0.31。通过对大部分矿区进行整体性分析，可知煤矿资源储量系数计算值较低。原因是，在计算煤炭资源损失的过程中，错误地将后续进行回采的地段也计算进去，矿井留设区域过大，甚至将后期巷道的煤柱也直接计算到了煤炭资源损失中，严重降低了大部分矿区的煤矿资源储量系数。因此，为保证煤矿资源储量核实的准确性，需要合理地将各阶段的煤炭资源损失计算进去，以确保煤炭资源储量系数更为客观。

3.构造和储量级别

煤炭储量核实过程中所采用的地质报告大都老旧（部分报告编制时间至今已超过了

30 年），如果在储量核实的过程中不及时进行构造和储量级别修改，便会影响核实结果的真实性。因此，需要根据实际情况对煤炭资源储量图进行全面修改后，再进行全面核实。

4.其他开采技术条件

在对煤炭资源储量进行核实的过程中，部分开采条件将在一定程度上影响煤炭资源储量分配。其中，主要包括围岩强度、伪顶和伪底岩性厚度、地温、地压等。该类因素在很大程度上影响了煤炭开采成本，因而有必要在充分考虑该类因素的基础上，对煤炭资源储量进行全面分类，以保证煤炭资源储量分类的合理性。

5.储量分类

煤矿资源储量分类是进行资源储量核实的重要内容，其在一定程度上影响了煤矿整体储量评价。

（1）"三下"压煤

笔者对煤炭资源储量进行如下分类：国有铁路下压煤由于构造简单和煤质因素，可直接将其纳入"2M"类；河流下煤柱储量类型应该进行合理确定，如果地面水体与井下煤层之间存在水力关系，当煤矿开采成本过高时，则可以纳入"2S"类；农村建筑物下压煤也可以纳入"2M"类。

（2）原国有报废（关闭）矿井剩余储量

在关闭矿井的过程中，部分矿井的煤炭资源储量非常丰富，因而需要根据煤质情况和构造情况，将大块的煤炭储量纳入"2M"类，其余可纳入"3"字类或"2S"类。

（3）高灰煤层

对于灰分超过了 35%～40%，伪顶为煤页岩，且中部夹有较为难选的矸石的煤层，由于受到开采技术限制，将导致开采后的煤灰分太高，销售市场较小，经济价值较低，可将其划分为"2M"类。

（4）表外矿

按照矿区开采情况，可将埋藏较浅、适合开采的部分表外矿纳入"2M"类。

（二）煤炭资源储量核实报告编制要点

煤炭资源储量核实报告主要由具备地质勘查资质的单位承担，委托方需要提供报告编制所需的各类地质资料，编制方需要对委托方提供的资料进行全面审查和核实。

1.新增项目野外验收

通常在 3～5 年内编制 1 次煤炭资源储量核实报告，因而大部分煤矿企业在编制报告之前，需要进行详细勘探，还需要根据煤炭资源储量核实工作要求成立由矿业权代表、勘查方技术负责人以及外聘专家组成的专业小组，全方面开展野外验收工作。专业小组应根据实际情况提出合理的验收意见，并将其作为相关报告的附件内容。在编制煤炭资源储量核实报告的过程中，需要对煤层储量进行验证。

2.地层划分

在对地层进行划分时，部分地矿系统和煤炭系统并不统一，尤其是在原井田勘探报告编制过程中，部分地层划分方法不尽相同。因此，在进行煤炭资源储量核实过程中，需要严格按照《地层侵入岩构造单元划分方案》合理设计煤矿地层系统。

3.关于压覆的资源储量

煤炭资源在开采过程中常常会受到一些厂房、公路干扰，相当一部分煤炭资源受到了严重压覆。因此，在进行煤炭资源储量核实过程中，需要全面开展调查工作，并将被永久压覆的储量从矿井整体储量中扣除。通常情况下，可采用分割方法扣除被永久压覆的资源储量。

4.摊销的资源储量

一般来说，可采取多元化措施来降低煤炭资源在开采过程中受到地面建筑物的干扰，还需要严格按照煤炭资源开采量摊销同比例的煤炭。在编制煤炭资源储量核实报告的过程中，在对煤炭资源储量进行估算时，应直接扣除一些被摊销的煤炭资源储量，同时，应适当保留煤炭资源储量估算范围，并对块段号码重新进行编制，有利于全面统计煤炭储量。

5.划分煤柱级别

在煤炭资源储量核实报告编制过程中，一旦遇到多种保护煤柱的情形，便需要注意煤柱留设的先后次序。例如，在编制储量核实报告时，应对边界煤柱进行统筹划分后，再进行留设，断层煤柱资源可划分为（333）类。根据不同的控制程度，可将边界煤柱的煤炭资源储量划分为（331）、（332）、（333）类。如果某一块段的煤炭资源不属于断层煤柱，而属于边界煤柱，则难以将其划分成为边界煤柱，从而将在一定程度上导致断层煤柱的资源储量为（331）或（332）类的不正常现象。

二、我国煤炭储量概况

我国是世界第一产煤大国，也是煤炭消费的大国。1996年我国煤炭探明可采储量居世界第三位，全行业年煤炭开采量达到近10亿吨。煤炭行业已经成为国民经济高速发展的重要基础。

我国的煤炭资源非常丰富，储量分布较为均衡。在这些储量中，煤炭的类型也非常多样，如优质的无烟煤、烟煤和褐煤等。尤其是在山西、内蒙古和新疆等地，煤炭储量尤为丰富，这些地区的煤炭品质好，开采条件相对优越。煤炭储备量的多少直接关系到国家的能源安全和经济发展。因此，我国政府高度重视煤炭资源的勘探和管理，通过采用现代化的地质勘探技术，不断增加探明储量，为可持续发展提供煤炭资源保障。

巨大的煤炭产量也带来了环境污染和生态破坏的问题。随着全球气候变化问题的凸显，我国政府开始调整能源策略，限制高污染和高耗能的煤炭开采和使用，转而推广煤炭清洁高效利用和新能源的开发。我国的能源消费结构正在逐渐从煤炭主导向多元化能源共同发展转变。在"十四五"规划和2030年前碳达峰目标的指引下，我国控制煤炭总量，优化煤炭结构，推动煤炭向绿色、低碳方向发展。

三、我国煤炭储量分布

（一）我国煤炭资源的地域分布

我国煤炭资源非常丰富，并且煤炭资源长期以来都是我国的基础能源，所以煤炭资源直接关系到我国整体能源安全和经济能否持续发展。我国整体煤炭产业在现代社会保持稳步的发展趋势，按照区域划分来说，当前我国有5个不同的煤炭分布区域，分别为华南区域、华北区域、西北区域、东北区域和西南区域，不过尽管我国的煤炭资源总量丰富，但分布极为不均衡，整体呈现出北多南少和西多东少的发展格局。

从我国一次能源生产结构的角度来进行评估，不难看出，我国具有油气资源短缺、但煤炭资源储量较高的特点，按照现在的煤炭探查储量来看，煤炭资源储量位居世界第三位，且煤炭资源占据我国一次能源消费量的半数以上，这一局面在短时间内很难被打破。从2000年直至2022年，我国煤炭产量和消费量变化情况呈现出稳步上升趋势。这一系列数据与经济发展之间存在密切关联，原因在于我国是世界范围内最大的煤炭生产国和煤炭消费国。需注意的是，煤炭产业也是重要的工业基础产业，其在国家安全保障当中发挥关键作用，例如，煤炭产业和钢铁产业、火电产业等产业均有密切联系，煤炭产业的发展从一定程度上可以反映下游产业链的稳步发展。

我国煤炭资源主要分布于大兴安岭—太行山—雪峰山以西地区。大致这一线以西的内蒙古、山西、四川、贵州等 11 个省区，根据第三次全国煤田预测资料显示，这 11 个省区的煤炭资源量为 51 145.71 亿吨，占全国煤炭资源总量的 91.83%。这一线以西地区，探明保有资源量占全国探明保有资源量的 89%；而这一线以东地区，探明保有资源量仅占全国探明保有资源量的 11%。显然，我国煤炭资源在地域分布上存在西多东少的特点。

（二）我国主要省区煤炭资源分布

我国煤炭资源丰富，除上海以外其他各省区市均有分布，但分布极不均衡。煤炭资源量最多的新疆维吾尔自治区煤炭资源量高达 19 193.53 亿吨，而煤炭资源量最少的浙江省仅为 0.50 亿吨。我国煤炭资源量大于 10 000 亿吨的省区市有 2 个，是新疆、内蒙古 2 个自治区，其煤炭资源量之和为 33 650.09 亿吨，占全国煤炭资源量的 60.42%；探明保有资源量之和为 3 362.35 亿吨，占全国探明保有资源量的 33.04%。我国煤炭资源量大于 1 000 亿吨以上的省区是新疆、内蒙古、山西、陕西、河南、宁夏、甘肃、贵州 8 个省区，煤炭资源量之和 50 750.83 亿吨，占全国煤炭资源总量的 91.12%；这 8 个省区探明保有资源量之和为 8 566.24 亿吨，占全国探明保有资源量的 84.18%。我国煤炭资源量在 500 亿吨以上的有 12 个省区，这 12 个省区是 1 000 亿吨的 8 个省区加安徽、云南、河北、山东 4 个省，其煤炭资源量之和为 53 773.78 亿吨，占全国煤炭资源总量的 96.55%；这 12 个省区探明保有资源量之和为 9 533.22 亿吨，占探明保有资源量的 93.68%。除中国台湾外，煤炭资源量小于 500 亿吨的 17 个省区市煤炭资源量之和仅为 1 929.71 亿吨，仅占全国煤炭资源量的 3.45%；探明保有资源量仅为 643.23 亿吨，仅占全国探明保有资源量的 6.32%。

（三）我国主要煤炭工业基地

在我国北方的大兴安岭—太行山—贺兰山之间的地区，地理范围包括煤炭资源量大于 1 000 亿吨以上的内蒙古、山西、陕西、宁夏、甘肃、河南 6 省区的全部或大部，是我国煤炭资源集中分布的地区，其资源量占全国煤炭资源量的 50% 左右，占我国北方地区煤炭资源量的 55%以上。而这一地区探明保有资源量占我国北方探明保有资源量的 65%左右。显然，这一地区不仅煤炭资源丰富，煤质优良，而且这一地区地理位置距我国东部、东南部缺煤地区相对较近，是我国最重要的煤炭工业基地。

在我国南方，煤炭资源量主要集中于贵州、云南、四川 3 省，这 3 个省煤炭资源量之和为 3 525.74 亿吨，占我国南方煤炭资源量的 91.47%；探明保有资源量也占我国南方探明保有资源量的 90%以上。特别是贵州西部、四川南部和云南东部地区是我国南方煤炭资源最为丰富的地区。显然，上述地区是我国南方最重要的煤炭工业基地。

第二节　我国煤炭资源生产状况

20 世纪初，我国煤炭行业进入了蓬勃发展的"黄金时期"。煤炭是我国能源消费的主体，在能源消费中占比约 70%。2020 年煤炭在我国一次能源消费中占比 58%左右，意味着在未来一定时期内，煤炭作为我国能源主体的地位将不会发生改变。因此，研究我国煤炭生产状况显得尤为重要。

一、我国煤炭资源生产发展历程

从历史上来看，我国煤炭产业发展迅速，煤炭产量持续增长，能源保障能力不断提升，为国民经济和社会发展作出了巨大贡献。以下从四个阶段分析我国煤炭生产情况：

（一）第一阶段（1949—1978）：建立共和国—实施改革开放政策

1949 年，我国煤炭产量规模很小，产量仅为 3 243 万吨。

1951 年，我国煤炭产量超过 5 000 万吨，达到 5 308 万吨；1956 年，超过 1 亿吨，达到 1.1 亿吨；1958 年，超过 2 亿吨，达到 2.7 亿吨；1959 年，超过 3 亿吨，达到 3.69 亿吨。

1960 年，我国煤炭产量达到 3.97 亿吨，此后便开始下降。

1961 年，我国煤炭产量为 2.78 亿吨，出现了明显下降，回落到 3 亿吨以下。

1961 年到 1969 年，我国煤炭产量徘徊在 2 亿～3 亿吨之间。

1970 年，我国煤炭产量重新回升到 3 亿吨以上，达到 3.54 亿吨；1972 年，超过 4 亿吨标准煤，达到 4.1 亿吨；1977 年，超过 5 亿吨，达到 5.51 亿吨。

1978 年，中国开始实施改革开放政策，当年煤炭产量超过了 6 亿吨，达到 6.18 亿吨，是 1949 年煤炭产量的 19.06 倍。

（二）第二阶段（1979—2001）：实施改革开放政策—加入世界贸易组织

改革开放带来了春风，我国经济快速发展，煤炭产量以惊人的速度增长。

1979 年，我国煤炭产量达到 6.36 亿吨，维持了上一阶段快速增长态势。

1983 年，我国煤炭产量超过 7 亿吨，达到 7.15 亿吨；1985 年，超过 8 亿吨，达到 8.72 亿吨；1987 年，超过 9 亿吨，达到 9.28 亿吨；1989 年，超过 10 亿吨，达到 10.54 亿吨；1992 年，超过 11 亿吨，达到 11.15 亿吨；1994 年，超过 12 亿吨，达到 12.4 亿吨；1995 年，超过 13 亿吨，达到 13.61 亿吨。

2001 年，我国煤炭产量超过 14 亿吨，达到 14.72 亿吨，是 1949 年煤炭产量的 45.39 倍，1979 年煤炭产量的 2.31 倍；在全球煤炭产量中的比重达到 31.19%，在亚太地区煤炭产量中的比重达到 63.21%。

（三）第三阶段（2002—2012）：加入世界贸易组织—十八大召开

加入世界贸易组织之后，中国经济保持高速发展，煤炭产量也随之不断增大。

2002 年，我国煤炭产量超过 15 亿吨，达到 15.5 亿吨。

2004 年，我国煤炭产量超过 20 亿吨，达到 21.23 亿吨；2009 年，超过 30 亿吨，达到 31.15 亿吨；2011 年，达到 34.28 亿吨。

2012 年，中国共产党第十八次全国代表大会（以下简称"十八大"）顺利召开，我国煤炭产量达到 39.5 亿吨，是 1949 年煤炭产量的 121.8 倍，1979 年煤炭产量的 6.21 倍，2002 年煤炭产量的 2.55 倍；在全球煤炭产量中的比重达到 48.2%，在亚太地区煤炭产量中的比重达到 70.16%。

（四）第四阶段（2013—）：十八大以来

自十八大以来，我国煤炭产业从粗放式发展转向大型化集约化发展，煤炭行业以推进供给侧结构性改革为主线，推动高质量发展，坚持煤炭"上大压小、增优汰劣"政策，淘汰部分落后产能，但煤炭产量继续保持增长态势。

2013年，我国煤炭产量达到39.74亿吨，创历史纪录，此后几年呈现下降趋势。

2014年，我国煤炭产量下降到38.74亿吨；2015年，下降到37.47亿吨。

在"十三五"期间，我国煤矿数量锐减，由2012年的1.3万多处减少到4 500处以内。

2016年，煤炭产量下降到34.11亿吨，此后几年再度企稳回升。

2017年，我国煤炭产量回升到35.24亿吨；2018年，提升到36.98亿吨；2019年，回升到38.46亿吨。

2020年之后，受经济社会发展规律和各种因素影响，我国经济增长速度和煤炭增长速度都放缓至中速，但煤炭产量总体上保持增长。

2020年，煤炭产量回升到39.02亿吨；2021年，超过41亿吨，达到41.3亿吨。

2022年，我国煤炭产量超过45亿吨，达到45.6亿吨，创造了历史高点，是1949年煤炭产量的140.61倍，1979年煤炭产量的7.17倍，2002年煤炭产量的2.94倍，2013年煤炭产量1.15倍；在全球煤炭产量中的比重达到52.82%，在亚太地区煤炭产量中的比重达到67.7%。

目前，中国煤炭生产量稳居世界第一，发挥了国家能源供应安全的兜底保障作用。

二、我国煤炭资源生产概况

煤炭生产是指通过从煤矿中开采、选矿、洗煤等环节，将煤炭提取出来进行加工与利用的过程。煤炭资源广泛存在于全球各地，具有储量丰富、分布广泛等特点。煤炭生产过程主要包括煤矿开采和煤炭加工两个环节。煤矿开采是指将地下或露天煤矿开采出来的过程。在煤矿开采过程中，常常会伴随着地质灾害、安全事故等问题。为了保证煤炭生产的安全与高效，需要使用现代化的矿山开采技术与设备。煤炭加工是指将开采出来的煤炭进行选矿、破碎、磁选、洗选等加工处理的过程。通过加工，可以提高煤炭的质量，去除其中的杂质，使之更适合进行燃烧，进而转化为其他能源形式。

（一）我国煤炭生产现状

1.生产条件复杂

随着煤层深度的增加及开采强度的增加，地质条件越来越复杂，开采情况也变得越来越复杂。此外，深部煤矿瓦斯含量较高。

2.生产环境恶劣

煤矿开采存在许多潜在的危害因素，对人体健康和人们的生命都是有害的。有关资料显示，煤炭行业的职业病在各类职业病中排名第一。

3.技术和设备问题

在矿山防护技术开发中，我国在瓦斯爆炸、热损失等自然灾害防治技术方面已经取得了一定进展。与国外相比，我国煤炭和新型清洁技术的发展速度还很慢。同时，煤矿机械自动化水平有待提高。目前，我国部分煤矿已开始采用远程控制技术和位置控制自动化技术。另外，我国煤矿大型机械、自动化设备的研究和应用相对较少，成套设备的技术效率和可靠性有待提高。

（二）我国煤矿生产安全状况

1.我国煤矿安全生产现状及问题

受到地质条件和工作环境的限制，煤炭开采行业是个高危行业，安全生产与矿工的生命健康紧密相关。近几年来，国家加大了对煤炭行业的监管力度，使得煤炭生产形势朝着持续稳定的方向发展。虽实现了煤矿总量、重特大事故、死亡人数、百万吨死亡率"四个大幅下降"，但仍存在重大事故、较大事故反弹的现象。通过分析，造成我国煤炭生产安全事故的主要原因有以下几点：

第一，煤矿从业人员安全生产意识薄弱，虽然我国目前开始重视对煤炭安全生产的培训，但是大多煤矿企业对待此问题上还是流于形式，没有从深处增强从业人员的安全意识和工作素质。

第二，煤矿安全监管制度不完善，由于煤矿分布广泛，很多管理部门采用地方保护主义，没有清晰划分部门之间的监管责任，缺乏系统性，导致监管效率低下，存在管理漏洞。

第三，煤矿安全生产投入不足，在我国很多煤炭企业贪图眼前的经济利益，没有及时更新生产设备，使用落后陈旧的生产设备，埋下了很多安全隐患。

2.我国煤矿安全生产发展对策

煤矿的安全生产关系到我国经济发展、资源保护、人身健康等方面，因此要引起各方人员的充分重视。针对上述指出的问题，可从以下三个方面进行改进：

第一，在思想层面上，要增强煤矿从业人员的安全责任意识和环保意识，提高对安全生产的重视。通过对近年的煤炭安全事故总结经验，定期对从业人员进行安全技术培训，让他们熟悉工作环境和安全生产流程，防患于未然。煤炭开采工作要与生态环境的保护紧密结合，实现煤炭开采与环境保护协调发展。

第二，在监管层面上，应完善煤矿生产监管制度。对为了利益链而走险，安全生产条件不规范的煤矿企业加大惩罚力度。完善安全生产的监管制度，明确监管部门的责任，形成系统性、相互制约的管理监督体系。针对重大隐患提前制订合理预案，严格落实各项制度，防止事故的发生。

第三，在技术层面上，引进专业技术能力强和职业素质高的人员，为安全生产提供有力的支持。加大对安全生产设备的投入，更新或淘汰落后的生产设备。在按国家规定配备安全生产设备和落实安全管理制度的前提下，最大限度避免事故的发生。

我国经济由高速增长转向高质量发展，对煤炭资源安全生产的要求也日益提高。作为不可再生的能源之一，当下煤矿生产要结合煤炭资源的特点，分析生产存在的问题，严格守住安全生产红线，为从业人员提供安全的工作环境。

第三节　我国煤炭资源消费状况

一、我国煤炭资源消费概况

长期以来，在我国能源消费结构中，煤炭长期处于主导地位，这是我国经济发展和能源消费的客观事实，也是未来需要突破的关键瓶颈。

（一）煤炭消费（1980—1989）

1980 年到 1989 年，我国年均煤炭消费达到 5.67 亿吨标准煤。

1980 年，我国煤炭消费量达到 4.35 亿吨标准煤。

1982 年，我国煤炭消费量超过 4.5 亿吨标准煤，达到 4.57 亿吨标准煤；1984 年，超过 5 亿吨标准煤，达到 5.34 亿吨标准煤；1985 年，超过 5.5 亿吨标准煤，达到 5.81 亿吨标准煤；1986 年，超过 6 亿吨标准煤，达到 6.13 亿吨标准煤；1987 年，超过 6.5 亿吨标准煤，达到 6.6 亿吨标准煤；1988 年，超过 7 亿吨标准煤，达到 7.08 亿吨标准煤。

1989 年，中国煤炭消费量达到 7.38 亿吨标准煤，是 1980 年煤炭消费量的 1.69 倍；在全球煤炭消费量中的比重达到 23.07%，在亚太地区煤炭消费量中的比重达到 63.19%。

（二）煤炭消费（1990—1999）

1990 年到 1999 年，我国年均煤炭消费量达到 9.06 亿吨标准煤，比 1980 年到 1989 年的年均煤炭消费量增长了 59.79%。

1990 年，我国煤炭消费量达到 7.52 亿吨标准煤。1992 年，我国煤炭消费量超过 8 亿吨标准煤，达到 8.26 亿吨标准煤；1993 年，超过 8.5 亿吨标准煤，达到 8.66 亿吨标准煤；1994 年，超过 9 亿吨标准煤，达到 9.21 亿吨标准煤；1995 年，超过 9.5 亿吨标准煤，达到 9.79 亿吨标准煤。

1999 年，我国煤炭消费量达到 9.92 亿吨标准煤，是 1980 年煤炭消费量的 2.28 倍，1990 年煤炭消费量的 1.32 倍；在全球煤炭消费量中的比重达到 30.58%，在亚太地区煤炭消费中的比重达到 62.97%。

（三）煤炭消费（2000—2009）

2000 年到 2009 年，我国年均煤炭消费量达到 17.15 亿吨标准煤，比 1980 年到 1989 年的年均煤炭消费量增长了 202.47%，比 1990 年到 1999 年的年均煤炭消费量增长了 89.29%。

2000 年，我国煤炭消费量超过 10 亿吨标准煤，达到 10.07 亿吨标准煤。

2001 年，我国煤炭消费量超过 10.5 亿吨标准煤，达到 10.58 亿吨标准煤；2002 年，超过 11.50 亿吨标准煤，达到 11.62 亿吨标准煤；2003 年，超过 13.5 亿吨标准煤，达到 13.84 亿吨标准煤；2004 年，超过 16 亿吨标准煤，达到 16.17 亿吨标准煤；2005 年，超过 18.5 亿吨标准煤，达到 18.92 亿吨标准煤；2006 年，超过 20.5 亿吨标准煤，达到 20.74

亿吨标准煤；2007 年，超过 22.5 亿吨标准煤，达到 22.58 亿吨标准煤。

2009 年，我国煤炭消费量超过 24 亿吨标准煤，达到 24.07 亿吨标准煤，是 1980 年煤炭消费量的 5.53 倍，1990 年煤炭消费量的 3.28 倍，2000 年煤炭消费量的 2.39 倍；在全球煤炭消费量中的比重达到 48.84%，在亚太地区煤炭消费量中的比重达到 72.15%。

（四）煤炭消费（2010—2019）

2010 年到 2019 年，我国年均煤炭消费量达到 27.44 亿吨标准煤，比 1980 年到 1989 年的年均煤炭消费量增长了 383.95%，比 1990 年到 1999 年的年均煤炭消费量增长了 202.87%，比 2000 年到 2009 年年均煤炭消费量增长了 60.00%。

2010 年，我国煤炭消费量超过 24.5 亿吨标准煤，达到 24.96 亿吨标准煤。

2011 年，我国煤炭消费量超过 27 亿吨标准煤，达到 27.17 亿吨标准煤；2012 年，超过 27.5 亿吨标准煤，达到 27.55 亿吨标准煤；2013 年，超过 28 亿吨标准煤，达到 28.1 亿吨标准煤，此后开始有所下降；2015 年，下降到 27.65 亿吨标准煤；2016 年，下降到 27.37 亿吨标准煤；2017 年，回升到 27.53 亿吨标准煤；2018 年，回升到 27.84 亿吨标准煤。

2019 年，我国煤炭消费上升到 28.13 亿吨标准煤，是 1980 年煤炭消费量的 6.47 倍，1990 年煤炭消费量的 3.74 倍，2000 年煤炭消费量的 2.79 倍，2010 年煤炭消费量的 1.13 倍；在全球煤炭消费量中的比重达到 52.65%，在亚太地区煤炭消费量中的比重达到 67.78%。

（五）2020 年以来煤炭消费

2020 年到 2022 年，我国年均煤炭消费量达到 29.35 亿吨标准煤，比 1980 年到 1989 年的年均煤炭消费量增长了 417.64%，比 1990 年到 1999 年的年均煤炭消费量增长了 290.29%，比 2000 年到 2009 年年均煤炭消费量增长了 191.46%，比 2010 年到 2019 年的年均煤炭消费量增长了 6.96%。

2020 年，我国煤炭消费量达到 28.35 亿吨标准煤。

2021 年，我国煤炭消费量超过 29 亿吨标准煤，达到 29.29 亿吨标准煤。

2022 年，我国煤炭消费量超过 30 亿吨标准煤，达到 30.4 亿吨标准煤，是 1980 年煤炭消费量的 6.99 倍，1990 年煤炭消费量的 4.04 倍，2000 年煤炭消费量的 3.02 倍，2010 年煤炭消费量的 1.22 倍，2020 年煤炭消费量的 1.07 倍；在全球煤炭消费量中的比重达到 54.75%，在亚太地区煤炭消费量中的比重达到 67.75%。

二、我国的煤炭消费结构

我国的煤炭消费结构主要由以下四个行业主导：电力、钢铁、建材、化工。这四个行业的煤炭消费量占据了总消费的大多数比例。

在全国范围内，尽管煤炭消费在过去一段时间处于负增长状态，但在经济稳定复苏的背景下，煤炭消费也曾实现了由负转正。值得注意的是，虽然上述四大行业对煤炭的需求仍然较高，但钢铁、有色、建材和化工这四大高耗能行业的增长速度已经明显放缓。这些行业的用电比重有显著下降。随着供给侧结构性改革的深入推进，能源供给的质量也在逐步提高。煤炭去产能工作的稳步推进和防范化解煤电产能过剩风险的阶段性成果也是推动煤炭市场变化的重要因素。

三、我国煤炭消费总量控制目标

作为世界上最大的煤炭消费国，我国一直面临着煤炭消费过多的问题。煤炭是我国最主要的能源来源之一，但同时也是造成空气污染和二氧化碳排放量增加的主要原因。因此，我国政府积极采取措施，制定并执行煤炭消费总量控制目标，以减少对环境的影响。

我国政府设立了明确的煤炭消费总量控制目标。根据 2015 年发布的《能源发展"十三五"规划》，到 2020 年，中国将全面实施煤炭消费总量控制目标。这一目标要求从 2020 年开始，煤炭消费总量将保持在 40 亿吨左右，相比 2015 年的约 38 亿吨，增长幅度相对较小。

为实现煤炭消费总量控制目标，我国政府采取了以下一系列措施：

第一，通过加强能源结构调整，减少对煤炭的依赖。我国鼓励开发和利用清洁能源，如天然气、核能和风能等，逐步替代煤炭。同时，加大煤炭去产能力度，关停一批老化和落后的煤矿，减少煤炭供应量。

第二，我国政府实施了严格的矿产资源管理和环境保护政策。对于煤矿的开采和使用，严格控制资源开发，以确保煤炭的可持续供应。同时，加强对煤矿环境的监管，减少煤矿污染物的排放。

第三，我国政府积极推动煤炭消费技术的创新和升级。加大对清洁煤技术的研发和推广，提高煤炭利用效率。例如，推广使用超低排放和脱硫设备，减少煤炭燃烧产生的污染物。同时，推广使用高效燃煤发电技术，提高发电效率，减少对煤炭的需求。第四，我国政府通过政策引导，促进煤炭消费结构的优化。推动煤炭行业的转型升级，鼓励企业加大研发投入，发展清洁煤技术。同时，通过提高煤炭资源税、环境保护税等手段，引导企业减少对煤炭的消费。

此外，我国积极开展与其他国家的合作，加强煤炭消费领域的国际交流。我国与国际能源组织、世界银行等机构开展合作，共同推动煤炭消费的可持续发展。同时，与国外煤炭企业进行技术合作，引进先进的煤炭消费技术，提高我国煤炭消费的效率和环保程度。

总的来说，我国煤炭消费总量控制目标的制定和实施，是我国政府积极应对煤炭消费过多问题的体现。通过控制煤炭消费总量、调整能源结构、加强矿产资源管理与环境保护、推动技术创新和煤炭行业的转型升级等一系列措施，我国正在朝着可持续发展的方向快速前进。而我国的经验和做法，也为其他国家控制煤炭消费总量提供了有益的借鉴和参考。

四、我国煤炭资源消费模式优化路径选择

能源是一国经济社会发展的重要基础和有力保障，要实现经济社会的可持续发展，能源的重要性不言而喻。按照经济发展程度的不同，经济发展阶段理论通常将一国经济所处发展阶段分为传统经济阶段、工业化初级阶段、全面工业化阶段和后工业化阶段。当前我国经济发展处于全面工业化阶段，并将逐渐迈入后工业化阶段。传统高投入、高耗能、高污染的经济模式将难以为继，经济发展阶段的演进将倒逼能源消费结构的调整和能源消费模式的变革。在现阶段我国能源消费结构中，煤炭资源等传统能源的消费占比仍然较大，生态环境污染治理的技术水平仍有待提高，因此，我国能源革命的重心在于，逐渐改变以煤炭资源为主的能源消费结构，探索煤炭资源消费模式优化升级的路径。

（一）不断提高煤炭资源利用效率

能源作为国家经济发展的重要命脉，能源利用效率的改变对国家经济发展和社会变革将产生重要影响。当前我国能源消费结构中煤炭资源仍旧占据主要地位，粗放型的资源利用方式导致煤炭资源过度利用却无相应的产出，投入产出比较低。因此，我国应不断提高煤炭资源利用效率，将化工产品的发展路线向精细化方向引导，提高煤炭资源化工产品的附加值，以此抵消传统煤炭产业附加值的不足，提高煤炭资源行业的行业价值；坚持煤炭行业的清洁与高效发展方针，促进煤炭产业上、中、下游之间的整合，将下游发电企业和上游煤炭供应企业进行有效结合，实现煤电一体化发展；加快煤炭企业转型发展步伐，推动煤炭资源产品和产业的优化升级，提升煤炭资源行业的发展质量与经营效益。

（二）加强对不同区域煤炭消费量控制目标的监测

煤炭行业因其自身特殊性一直属于国家重点监管的行业，但我国不同地区间经济发展的不均衡，使得对不同地区煤炭消费量控制目标的监测成为一项极其复杂的工程。例如，内蒙古、山西等中西部地区煤炭资源较为丰富，地方政府会优先选择通过煤炭资源的开采、利用来拉动本地经济增长，但同时也会造成大气污染等负面效应。因此，我国政府应根据不同地区经济发展的不同特征，如针对中西部地区煤炭资源开采量和消耗量较大的省区予以重点监测，设立煤炭资源消费量控制目标并同时给予其他相关的配套扶持政策，鼓励此类地区调整能源消费结构，降低当地经济发展对煤炭资源的依赖程度，提升其他可替代的清洁能源的消费比重。与此同时，我国政府应加强监管，定期抽查、检查，并及时将抽查、检查结果进行公示，积极建立政府、企业、民众三方监管监督机制，形成互利互惠、三方共赢的良性发展局面。此外，还应通过不断完善能源法规及环境保护标准化机制，在约束区域煤炭资源消耗量的同时，促进区域经济发展模式的调整和优化，加快煤炭行业健康有序发展。区域经济发展模式的优化和调整不仅有利于解决区域经济发展不均衡的问题，同时有利于将我国煤炭资源消费控制目标差异化与具体化，而不同区域指标的按时完成将有助于我国顺利完成煤炭资源消费总量的控制目标。

（三）将煤炭资源消费模式升级嵌入经济结构转型发展大势

在我国经济发展方式逐步由原来的粗放型向高质量方向转变过程中，为适应经济高质量发展要求，应不断降低对以煤炭、石油等为代表的化石能源的依赖程度，不断提高以天然气、太阳能等为代表的清洁能源利用率。具体而言，应根据实际的环境承载力，科学合理地进行煤炭行业的发展布局，逐渐转变传统高煤耗产业的发展路径，进而减少对煤炭资源的依赖，促进我国经济发展模式由粗放型、高能耗模式向集约型、高质量模式转变，最终实现经济结构的转型升级与经济社会的可持续发展。

（四）以清洁、高效利用作为煤炭资源消费模式升级方向

把实现煤炭资源的清洁、高效利用作为减少大气环境污染、实现煤炭资源消费模式升级的方向。煤炭资源的清洁、高效利用一方面有助于我国日益紧迫的大气污染治理工作的开展，另一方面也是解决环境污染与能源需求增长之间矛盾的重要途径。现阶段，我国火力发电行业通过不断的技术研发与应用，已经能够较好地实现超低碳排放，将火力发电行业的大气污染物排放量降至较低水平。火力发电行业超低碳排放技术的日臻成熟，将为其他高耗煤行业实现煤炭的清洁、高效利用提供可借鉴的有益经验，最终使得超低碳排放技术由点及面普及开来。

五、我国的煤炭资源消费趋势

我国是世界上最大的煤炭消费国家。然而，近年来我国在煤炭消费方面的趋势发生了重大的变化。

第一，我国政府一直在推动能源结构的转型升级。随着环境保护意识的增强和气候变化问题的日益突出，我国政府已经意识到过度依赖煤炭对环境和人类健康产生的严重影响。因此，政府制定了一系列政策，包括限制煤炭消费和加快清洁能源的发展。例如，我国政府计划到 2030 年将非化石能源占一次能源消费比重提高到 20%左右，这将大大减少我国对煤炭的需求。

第二，我国经济的结构调整也对煤炭消费产生了影响。随着我国正从高速增长阶段逐渐转向高质量发展阶段，经济增长模式也在发生变化。过去，我国经济主要依靠重工业和工业生产，这对煤炭的需求量非常大。然而，随着服务业和消费升级的发展，我国经济结构正在逐渐向更加环保和节能的方向转变，这意味着对煤炭的需求也将减少。

第三，我国对清洁能源的投资也在不断增加。我国政府鼓励开发和利用可再生能源，如太阳能和风能，并制定了一系列鼓励政策。这些举措使得清洁能源的成本逐渐降低，

与煤炭相比价格更为合理,因此越来越多的企业和家庭选择转向清洁能源。不过,尽管煤炭消费呈下降趋势,我国仍然面临一些挑战。首先,因为我国煤炭资源丰富、价格低廉,使得一些地区和企业仍然倾向于使用煤炭作为主要能源。其次,由于我国人口庞大,对能源的需求量仍然非常大,因此在转向清洁能源的过程中,确保能源供应的稳定性也是一个重要的问题。

综上所述,我国的煤炭消费趋势正在发生重大的变化。政府的政策导向和经济结构调整使得煤炭消费量逐渐下降,而对清洁能源的投资和发展也在持续增加。尽管还存在一些挑战,但我国正朝着更加环保和可持续发展的方向迈进。

第四节　我国煤炭资源投资状况

一、我国煤炭投资环境评价分析

随着我国煤炭资源的不断开采以及产业的转型,煤炭资源储量及投资呈下降趋势。矿业投资环境竞争力决定着矿业投资的规模和流向,开展我国区域煤炭投资环境分析研究,有助于促进煤炭资源与经济的可持续发展。通过分析国内外矿业投资评价方法,建立我国煤炭投资潜力评价体系。基于地理信息系统(Geographic Information System,以下简称"GIS")技术和大数据分析技术,采用定量与定性相结合的方法对我国各地区的煤炭投资环境潜力进行综合评价。总的来说,投资环境受多方面的影响,但资源禀赋是投资环境的决定因素,国家政策是关键因素。

(一)研究基础

1.评价体系建立

煤炭投资环境易受资源禀赋、基础设施、区域位置、环境政策等因素影响,为了全面反映我国煤炭投资环境潜力分析,在指标因子的选取上结合了现阶段国家政策、煤炭资源潜力、基础设施优势等因素,选取煤炭资源量、煤炭产值率、煤炭火力发电量、全国矿业权设置、煤炭运输能力等 7 个评价因素作为评价体系中的具体评价因子，具体的权重如表 3-1 所示。这些评价因子对煤炭投资环境的影响程度差异极大，综合考虑各项评价指标在全国环境中的具体情况，采用德尔菲法统一设置了各个指标的权重、具体分级以及赋值。

表 3-1 全国煤炭投资环境评价体系

评价指标	评价因子	权重
资源开发潜力	煤炭资源量	0.25
	煤炭勘查投入	0.12
经济效益	煤炭产值率	0.18
煤电分布	煤炭火力发电量	0.05
政策趋势	矿业权设置	0.20
基础设施优势	煤炭运输能力	0.12
人力资源	矿业权从业人数	0.08

2.评价方法研究

随着国土空间规划理论技术发展，国土空间规划在地质灾害评估、矿产资源潜力评价等多领域成功应用。本研究利用 GIS 技术，以国土空间规划为指导，在全国范围内建立格网分析模型，针对多个指标进行属性空间化与空间叠加分析，构建全国煤炭投资环境评价的加权求和模型，计算公式为：

$$N_i = \sum_{i=1}^{n} W_i * T_i$$

式中：N 为全国煤炭投资环境评价的综合得分；$i=1, \cdots, n$ 代表第 i 个评价因子；W 为第 i 个评价因子的权重；T 为对应的评价因子等级评分。

（二）评价过程与结果分析

1.煤炭资源潜力分析

我国煤炭资源储量排名全球第二，煤炭资源分布较为广泛。但经过数十年的发展，随着我国煤炭生产方式和生产能力的迅速提高，以及国家相关煤炭政策的调整，我国煤炭资源的布局或区域格局发生了显著变化。煤炭资源是煤炭投资环境评价的硬性指标，煤炭资源量越丰富，煤炭潜力越大，越容易吸引外部投资；反之，煤炭资源匮乏的地区则不适合发展煤炭经济。

从全国各省、自治区、直辖市的煤炭资源量来看，煤炭资源量前五的省区是内蒙古、山西、新疆、贵州和陕西。其中内蒙古自治区、山西省的煤炭资源含量最多。

以煤炭资源量为数据基础进行资源潜在价值热度分析，结果显示，煤炭资源量热度最大的区域是在新疆的北部，其次是位于陕西省和内蒙古自治区交界的鄂尔多斯盆地处以及内蒙古自治区与宁夏回族自治区的交界处，与相关专家评价的绿色煤田地区基本一致，符合我国煤炭勘查与开采向绿色化、低碳化发展趋势；而曾经的煤炭资源大省包含东北三省、山东和河南等省区经过多年的开采，1 000m以浅的煤炭资源量开发逐渐枯竭，1 000m以深的煤炭资源量开采、勘查难度相对较大，并且伴随着国家煤炭政策的调整，东北三省、山东省和河南省的煤炭资源开发潜力有所降低。

2.矿业产值率分析

矿业产值率是指某地区煤炭产值占该地区国内生产总值的比值，矿业产值率越大，说明该地区矿业发展程度越高，对煤炭的依存度越大，矿业投资环境越好。山西省、内蒙古自治区、陕西省、山东省以及贵州省煤炭产值占据全国煤炭产业产值的前五，代表煤炭资源产业发展较好，并且煤炭产值前二的省区也是全国煤炭资源量最多的省（区）；山西省、内蒙古自治区、宁夏回族自治区、贵州省以及陕西省煤炭矿业产值率较大，是省区内支柱产业。

依据矿业产值率将全国各省划分为9个级别。矿业产值率级别最高的是山西省，其次分别是内蒙古自治区、陕西省和贵州省。矿业产值率与煤炭资源量息息相关，由于山西、内蒙古等4个省区是全国煤炭资源最为丰富的省区，更是全国煤炭资源利用的主要来源；虽然新疆维吾尔自治区的煤炭资源量排在全国前列，但由于受基础设施、交通、政策等多因素影响使得煤炭资源的开采受到限制，从而煤炭产值率相对较低；东北三省由于早期煤炭资源的大量开采，资源量大幅度降低，煤炭资源渐趋枯竭，矿业产值也相应大幅度减少；另外，山东省和河南省同为煤炭大省，但山东省的矿业产值率级别略低于河南省，表明山东省生产总值对煤炭的依赖性低于河南省，省内生产总值对煤炭的依赖逐渐降低。

3.煤炭矿业权布局分析

矿业权包括探矿权和采矿权，矿业权的设置情况可以反映出该地区矿业开发活跃程度以及国家煤炭政策趋势。其中，煤炭探矿权聚集度折射出未来煤炭的开发方向，探矿权热力级别越大，找矿潜力越大，越适合矿业投资；采矿权的聚集度反映出当前状态下煤炭开采的方向，采矿权热力级别越大，目前采矿程度越高。为避免因探矿权处于不同阶段而影响分析结果，本次对探矿权各阶段采用分级处理后进行矿业权布局特征分析。

分析结果显示，探矿权热力级别最高的地区是新疆维吾尔自治区北部，其次是陕西省和内蒙古自治区交界的鄂尔多斯盆地和云贵地区，上述地区矿业投资环境均较为良好；而山东、黑龙江和河南等省热力级别均相对较低，矿业投资环境中等，其余地区探矿权热力较差，找矿潜力低，均不太适合煤炭投资。采矿权热力级别最高的地区位于内蒙古自治区、陕西省和山西省，是目前采矿最为集中的区域。新疆维吾尔自治区北部虽然探矿权的热力级别最高，但采矿权的级别相对较低，在仅考虑矿业权的情况下，该地区煤炭潜在开采价值高，适合煤炭投资，但新疆维吾尔自治区基础设施、交通等较为不便，虽然多年来新疆维吾尔自治区的探矿权潜力巨大，但目前其煤炭开采程度较低。纵观煤炭开采的发展历程，我国煤炭资源开采由东部地区逐步向中西部地区转移，并且煤炭矿业权布局已发生调整，重心逐渐向中西部转移。

4.煤炭从业人数分析

煤炭就业人数比重是煤炭从业人数与总人口的比值。煤炭从业人数比重越大，矿业发展程度越高。根据全国煤炭就业人数占比，煤炭就业人数比重位于全国前五的省区分别为山西、宁夏、内蒙古、贵州以及陕西，均为中西部地区，是目前煤炭发展最好的地方，也是煤炭资源量最为丰富的地方。其次为黑龙江、河南、安徽、山东等省区，均处于东部地区，是早期煤炭行业发展相对迅猛的省份。

综上各省区煤炭就业人数占比较大的省区都是煤炭资源量最为丰富的地区。随着东部煤炭资源逐渐枯竭，东部地区煤炭就业人数比重逐渐减少，部分煤炭就业人员迁移到中西部从事煤炭行业。

5.煤炭勘查投入分析

随着我国经济发展由资源型向创新型驱动转型，以及我国煤炭资源向清洁化、绿色化发展，我国煤炭勘查投入整体呈下降趋势。根据全国煤炭勘查投入热力分析结果显示，煤炭勘查投入最为集中的地区为陕西省和内蒙古自治区交界处，处于鄂尔多斯聚煤盆地，是目前煤炭资源最为丰富的地区，虽然煤炭开采程度较高，但依然存在较为丰富的煤炭资源量尚未开发，勘查投入收益依然可观；而山东省和河南省虽然是煤炭大省，但勘查投入相对较低，主要由于浅层煤经过数十年来的开采，煤炭资源量逐渐枯竭，如果继续进行勘查投入，必须向地表更深处进行勘查，勘查难度将大大增加，勘查投入也大幅度增加，风险相对较高，投资回报率较低。

6.煤炭发电量分析

各省煤炭发电量侧面反映全国火力供电的主要来源，进而影响着煤炭投资。根据2019年全国各省份煤炭火力发电情况，山东省与江苏省的煤炭火力发电量普遍高于全国其他省区市，其中山东省的火力发电量最大，其次是江苏省，其原因在于山东、江苏两省人口基数大、工业发达，用电量需求巨大；另外，山东省本身煤炭资源较为丰富，并且山东、江苏与河南、山西等煤炭资源大省距离较近，交通便利，便于煤炭运输。

内蒙古自治区、广东省的煤炭火力发电量也较大。主要由于广东省较为发达，用电量需求大，主要通过从云贵地区运输煤炭进行火力发电；而内蒙古自治区除供应地区电量外，还需要满足北京市的用电需求。

河北、山西、浙江、安徽、河南、新疆等省区的火力发电量相对较大，辽宁、陕西、贵州、湖北、宁夏等省区的煤炭火力发电量相对其他省区市处于适中，北京、天津、吉林、黑龙江、上海、福建、湖南、江西等其他省区市的煤炭火力发电量相对较低，这可能受城市本身、人口基数、天然气等多方面的影响。

根据全国煤炭火力发电的空间分析结果显示，煤炭火力发电主要分布在山东、浙江、内蒙古、广州、河北、山西、浙江、安徽、河南、新疆等我国煤炭资源潜力丰富、交通便利、人口基数大的地区，而我国的中西部、中南部地区如贵州、湖北、福建、湖南、江西等地区的煤炭火力发电力相对减少，由于地处长江中下游地区，大部分水力发电解决了用电需求，火力发电相对较少。

7.全国煤炭运输能力分析

交通因素是直接影响煤炭投资环境的一项重要因素，综合考虑运煤站点、全国主要铁路干线、公路干线等多个要素，利用空间叠加分析与热力分析结合的方式，可以基本反映全国煤炭运输密集程度的全国煤炭运输能力情况。全国煤炭运输能力多集中在我国的中部及南部区域，其中在内蒙古自治区、宁夏回族自治区、甘肃省交界地区的密集程度最大，在北京、河北、河南、陕西、山西东部、武汉、安徽西南部、浙江西北部等区域的密集范围较广，在四川南部、云南北部、贵州中部等区域的煤炭运输能力也较强。新疆维吾尔自治区虽然是煤炭资源最为丰富的地区之一，但由于其距离中东部地区较远，运输成本较大，不适合长距离运输，煤炭运输能力级别较低。

8.煤炭投资环境综合评价分析

综合上述指标，通过格网分析建立的加权求和模型进行空间叠加分析，将我国煤炭投资环境划分为9级，得出煤炭投资环境综合评价情况。首先，我国煤炭资源投资环境最好的区域位于陕西与内蒙古交界鄂尔多斯盆地。该区域位于鄂尔多斯聚煤盆地，具有丰富的煤炭资源，并且交通运输能力较强，便于生产的煤炭向中东部运输，火力发电需求量大，需要满足北京的用电需求。其次是宁夏与内蒙古东北交界、云贵地区以及新疆北部地区。而资源大省山东和河南地区投资环境略低于其他资源大省，主要由于能源经济转型以及早期煤炭资源的过度开采造成煤炭资源逐渐枯竭，从而投资潜力降低。

（三）结论

本研究基于 GIS 技术和大数据分析技术，选取煤炭资源量、煤炭产值率、全国煤炭矿业权布置以及煤炭运输能力等 7 个评价因子进行空间叠加分析，得出我国煤炭资源投资环境潜力综合评价情况，从而总结出我国煤炭投资环境特征，得出以下结论：

第一，我国煤炭投资环境最好的区域位于陕西与内蒙古交界鄂尔多斯盆地，虽然该地区煤炭开采程度较高，但依然含有丰富的资源量；另外，山东、河南以及东北三省地区，由于早期煤炭资源的开采，煤炭逐渐枯竭，投资环境一般；新疆北部目前开采程度较低，勘查程度高，资源量丰富，但交通运输、基础设施等因素相比中部地区有一定的劣势，从而造成综合投资环境有所降低。

第二，我国煤炭投资环境评价结果显示，各地区之间煤炭投资环境的差异主要受煤炭资源量、矿业权布局以及煤炭产值率影响，表现越好的地区煤炭投资竞争力越强。在进行煤炭投资时，可优先考虑煤炭投资环境较好的地区。

第三，煤炭资源潜力是投资的决定性因素，政策趋势（矿业权设置）是投资的关键因素。

二、我国煤炭投资中存在的问题及对策

（一）我国煤炭投资中存在的问题

1.市场复杂多变

我国煤炭市场受国内外经济形势、能源需求、价格波动等多种因素影响，市场波动

性较大。煤炭供需关系、运输成本、环保政策等因素的不确定性增加了投资的风险。

2.政策导向影响显著

国家对煤炭行业的政策调控力度大，如去产能、环保政策等，对煤炭投资产生直接影响。政策变化可能导致投资项目无法达到预期收益，甚至面临亏损。

3.资源分配不均

煤炭资源分布不均，主要集中在少数地区，增加了开采和运输成本。部分地区煤炭资源枯竭，影响煤炭供应的稳定性。

4.可持续发展问题

煤炭开采和利用过程中存在环境污染和生态破坏问题，影响可持续发展。随着清洁能源的发展，煤炭行业面临转型压力。

5.企业内部管理问题

部分煤炭企业资金管控结构不合理，资金利用效率低。投资决策不科学，存在盲目投资现象。

（二）我国煤炭投资对策

1.加强市场分析与预测

提高对煤炭市场的敏锐度和判断力，加强市场分析和预测能力。密切关注国内外经济形势、能源需求、价格波动等因素的变化，及时调整投资策略。

2.关注政策导向，灵活应对

加强对国家政策的学习和解读，及时了解政策动向。灵活调整投资方向和规模，以适应政策变化带来的市场变化。

3.优化资源配置，提高利用效率

加强煤炭资源的勘探和开发，优化资源配置。提高煤炭开采和运输的技术水平，降低开采和运输成本。

4.推动煤炭行业绿色转型

加大环保技术的研发投入，提高煤炭清洁利用水平。积极发展清洁能源，推动煤炭行业向绿色低碳方向发展。

5.加强企业内部管理

企业内部要完善资金管控体系，提高资金利用效率；加强投资决策的科学性和合理性，避免盲目投资；强化风险管理意识，建立完善的风险防控机制。

三、煤炭投资方式

在煤炭价格稳定波动的前提下，煤炭企业，尤其是大型煤炭企业存在较为稳定的盈利预期。近两年煤炭价格维持高位波动，盈利持续改善，但煤炭企业二级市场表现与业绩背离，估值处于市场低位，安全边际较高。现从五大对外投资方式来了解煤炭投资分析。

（一）煤炭资源购置型投资

一些煤炭企业对外投资处于初级阶段，煤炭企业在国外投资并没有进行深度开发，在一定程度上属于占有资源型投入。如我国在澳大利亚进行投入，一些煤炭企业只是通过资源勘探，购买煤炭资源的开发权，并没有对煤炭资源进行深度开发。部分煤炭企业在澳大利亚进行投资，都是购买了当地矿区的煤炭资源勘探权和开发权，并没有进行大规模的矿井建设等实质性开发。

（二）设备输出服务型投资

我国的一些煤炭企业不仅从事煤炭生产，而且还有较强的设备生产能力、技术输出能力。由于国外煤炭企业短时间内无法掌握先进设备的生产技术，为了满足国外煤炭企业的需要，我国煤炭企业在进行设备输出时，派出技术人员及生产操作人员从事输出煤矿设备的使用、维护、售后服务工作。同时，利用销售的煤矿机械产品承包煤矿生产经营的相关工程工作，以此达到既销售产品，又输出技术劳务的目的。

（三）煤矿工程承包型投资

我国煤炭企业通过和国外煤炭企业签订煤炭工程合作协议，采取承包国外煤炭企业的工程项目的方式，走出国门，参与国际化工程项目开发。

（四）煤炭技术服务型投资

我国的煤炭企业越来越多地参与到国际市场竞争中。煤炭技术服务型投资能够为企业提供国际化的技术支持和服务，帮助企业拓展国际市场。

（五）煤炭实体开发性投资

我国煤炭企业在国外进行煤炭资源及矿井开发，购买生产矿井，建设新煤矿，从事煤矿的实际生产经营活动。我国煤炭企业对国外煤矿具有全部或部分煤炭资产所有权，单独从事生产经营管理活动。

未来煤炭行业信息化将随着企业转型、行业进步不断向大集团、跨区域式发展，逐步从"数字矿山"向"智慧矿山"发展，进一步促进节能减排，信息化人才制度、标准建设进一步完善，自主创新能力与跨行业交流进一步推进。

第四章　我国煤炭贸易研究

第一节　我国煤炭供需变化分析及预测

一、我国煤炭供需形势分析

（一）煤炭供应保障有力，生产集中度提升

从国内原煤生产量、煤炭净进口量及库存量增减变化来看，2020 年全国煤炭供应总量达到 42.4 亿吨，有力地支撑了我国疫后经济社会的恢复，为实现全面建成小康社会提供了巨大的产业支撑。同时，煤炭生产区域和行业集中度进一步提升，煤炭供需协调及区域总体布局问题进一步显现。

第一，原煤生产总量达历史高位，但月度生产波动性较大。根据相关数据显示，2020 年全国原煤生产量 39 亿吨，同比增加 5 000 万吨，增长 1.4%，生产量达到历史最高水平。从全年不同时期来看，煤炭生产经历了年初保供复产、年中产能优化、年底挖潜增产的过程。年初受疫情影响，部分煤矿停工停产，导致 1—2 月全国原煤产量仅 4.9 亿吨，同比下降 6.3%；2 月底 3 月初，为支撑工业经济稳定复苏，国家加大力度推进煤炭生产企业复工复产，带动 3 月和 4 月产量同比增长 9.6% 和 6%；随着国内疫情得到控制并稳定向好，煤炭保供复产压力减小，5—6 月全国煤炭生产小幅下降，上半年累计生产原煤 18.1 亿吨，同比增长 0.6%。三季度以来，受主要产煤省区市开展煤炭领域违规违法问题专项整治、煤矿安全检查等综合因素影响，全国原煤产量有所下降，7—9 月煤炭生产 9.8 亿吨，同比下降 1.6%。进入四季度，为保障迎峰度冬需求，国家加大了保供增产力度，推进优质产能集中释放，11 月和 12 月日均产量维持 1 100 万吨以上高位（如图 4-1）。

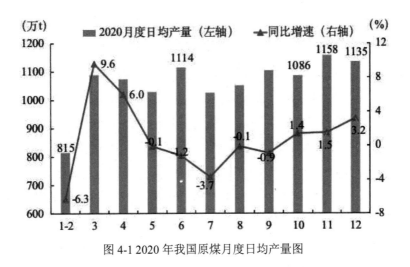

图 4-1 2020 年我国原煤月度日均产量图

第二，煤炭进口量略增，进口单价较大幅度下降。"十三五"以来，我国煤炭进口量呈现逐年递增态势（如图 4-2 所示），2020 年全国煤炭进口量 3.04 亿吨、同比增长 1.5%，净进口量 3.01 亿吨、增长 2.3%。进口煤炭单价也由 2018 年平均每吨 87.5 美元的高位降至 2020 年的每吨 66.6 美元，累计下降 23.9%，其中 2020 年下降 14.7%。从进口来源看，全年自印度尼西亚、俄罗斯和蒙古国煤炭进口量合计 2.1 亿吨，占全国煤炭进口总量的 68.7%。

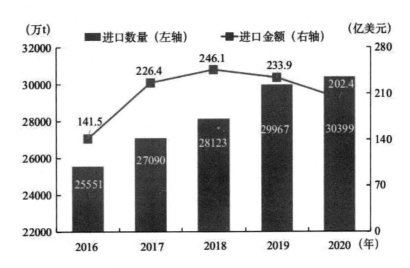

图 4-2 "十三五"期间我国煤炭年度进口量和进口额

第三，全国统调电厂、重点煤企和港口煤炭库存大幅下降。截至2020年底，全国统调电厂、重点煤炭企业和港口煤炭库存总量约2.3亿吨，同比减少3 870万吨左右，降幅为14.2%。其中年末统调电厂存煤1.3亿吨，同比减少3.7%，可用17天。全年煤炭企业库存量随着市场供求变化而波动下降，截至2020年底，全国主要煤炭企业库存量5 300万吨，同比减少1 500万吨，下降22.1%。受2—3月份大力推进释放煤炭优质产能及疫情影响，4月中上旬，全国港口煤炭库存达到近8 000万吨高位，2020下半年随着国内市场煤炭需求逐渐旺盛，港口存煤逐步释放，年末全国主要港口存煤4 897万吨，比上年同期减少1 868万吨，同比大幅下降27.2%，其中沿海主要港口库存减少1 372万吨。

此外，全国煤炭生产集中度进一步提升，安全生产水平大幅提高。2020年山西、内蒙古、陕西和新疆四省区的原煤总产量超过30亿吨，占全国78.3%，同比增加了1.5个百分点，较"十三五"初期增加了9.2个百分点（如图4-3所示）。煤炭区域集中度的提升，需要统筹做好煤炭产地与消费地之间的衔接，健全国家煤炭产供储销体系。不仅如此，随着山西、山东等地区大力推进煤炭企业兼并重组步伐，煤炭行业生产集中度也进一步提升。2020年我国前四家煤炭企业为国家能源集团、晋能控股集团，新组建的山东能源集团和中煤集团，其各自煤炭年产量均在2亿吨以上，分别为5.3亿吨、3.1亿吨、2.7亿吨和2.2亿吨，合计产量13.3亿吨，占全国煤炭总产量的34.1%。前四家企业产量占全国比重较"十二五"末期提高约10个百分点。"十三五"期间，我国加大淘汰落后产能，累计淘汰退出煤矿5 464处、产能9.4亿吨，有力地提升了煤矿安全生产水平。与2015年相比，2020年煤矿事故起数、事故死亡人数、重特大事故起数和煤矿百万吨死亡率分别下降65.3%、62.4%、40%和64.2%。2020年全国煤矿百万吨死亡率为0.059，达到国际先进水平。

图 4-3 我国煤炭主产区原煤产量占比图

（二）煤炭消费创历史高值，消费增量主要来自电力和钢铁行业

根据国家统计局数据显示，2020 年全国能源消费总量达 49.8 亿吨标准煤，煤炭消费增长 0.6%，占一次能源消费结构的 56.8%，经初步测算煤炭消费总量合约 28.3 亿吨标准煤，超过 2013 年的 28.1 亿吨标准煤的历史高值。但煤炭工业协会数据显示，2020 年全国煤炭消费实物量同比增长 1%，约为 40.5 亿吨，仍低于国家统计局公布的 2013 年 42.4 亿吨的煤炭消费量值。

数据显示，因受新冠疫情影响，2020 年一季度全国工商业停工停产较多，导致煤炭消费大幅下降、累计下降 6.4%。3 月份开始，我国新冠疫情基本得到控制，工业经济活动和生产生活服务逐步得到恢复，5 月之后逐月煤炭消费基本上呈增长态势，至 11 月份全国煤炭累计消费量基本追平上年同期。12 月份，叠加工业经济恢复及极寒天气增多等因素，全国煤炭需求进一步提升，煤炭消费较大幅度增长，单月增速达到 8.8%，导致全年煤炭消费累计增速由负转正（如图 4-4 所示）。

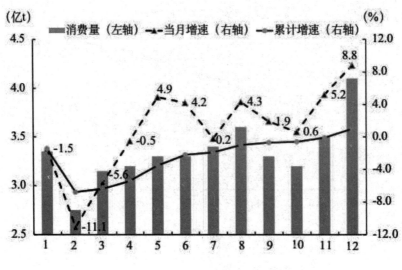

图 4-4　2020 年月度煤炭消费量

从主要耗煤行业来看，电力和钢铁行业成为拉动煤炭消费增长的主要力量，建材和化工等行业煤耗与上年同期相当。具体表现在以下四个方面：

第一，电力行业。受国内疫情防控、国际贸易以及天气等因素影响，电力行业煤耗逐月波动较大，既有 2 月单月煤耗同比下降 13.8%，又见 5 月、11 月和 12 月单月煤耗同比增长 8.1%、25.1% 和 10.8% 的情况。电力行业累计煤炭消费前 11 月均为负值，到 12 月累计煤炭消费增长才由负转正。全年电力行业煤炭消费 21.9 亿吨，同比增加 3 200 万吨左右，同比增长约 1.5%。

第二，钢铁行业。全年钢铁行业耗煤保持较快速度增长，累计消费 7.3 亿吨，同比增加 2 700 万吨左右，同比增长 3.8%。

第三，建材行业。主要受疫情影响，年初全国基础设施建设大规模暂停，建材行业耗煤大幅下降，致一季度累计下降 23%。2020 年 4 月份之后，经济活动逐步恢复正常，建材行业煤炭消费呈现逐月正增长趋势，逐月累计降幅收窄，至 2020 年 11 月份累计增长转正。全年行业累计耗煤 4.9 亿吨，同比增加约 400 万吨，增长 0.8%。

第四，化工行业。上半年，受国际原油价格大幅下跌的影响，全国化工行业整体下行，耗煤减少，下半年有所恢复，2020 年前 11 个月累计增长负值，全年累计耗煤 2.9 亿吨，同比微增 0.2%。

（三）市场煤炭价格变化较大，年底炒作因素推升煤价

2020年初，春节期间叠加新冠疫情影响，煤矿停产停工较普遍，但冬季取暖需求仍较强，供需出现偏紧状况，全国煤炭价格有小幅上涨，到2月下旬环渤海港口5 500大卡现货煤炭价格指数较年初每吨上涨10～15元，达到每吨576元左右。2020年2月底，国家加大了煤矿复工复产支持力度，3—4月份煤炭生产大幅增加，随着3月下旬供暖结束，煤炭供需相对宽松，加之欧美等国疫情传播开始严重，经济前景不明，全球大宗商品市场大幅下滑，国际煤炭价格大幅下降，并向国内传导，国内煤炭价格也大幅下行，至4月底5月初，环渤海5 500大卡动力煤现货价格指数降至每吨475元，吨煤降幅100元左右。进入2020年下半年，随着经济恢复带动市场需求上升，国内煤价逐步回升，至2020年9月底，环渤海5 500大卡动力煤现货价格指数在每吨600元每吨。入冬后，经济恢复进一步增长，加之极端的严寒天气、国际能源市场回暖等因素的综合影响，全国煤炭价格有所上行，东北和东南沿海等局部地区存在供需偏紧状况，但总体上全国煤炭供应有保障，供需基本平衡。2020年11月下旬以来，市场煤炭价格连续出现大幅度上涨，到12月底环渤海5 500大卡动力煤现货价格指数达到每吨700元，市场现货交易煤炭价格甚至超过1 100元每吨，炒作因素可能发挥很重要作用。

（四）煤炭行业新技术应用大力推进，转型发展加速

第一，煤矿智能化生产技术得到广泛应用。到2020年底，全国已建成494个智能化采掘工作面，部分企业大力开展煤矿智能控制终端、5G集控等数字化技术应用。

第二，煤炭低碳化利用技术得到大力重视。2020年7月，中国人民银行、国家发展和改革委员会、中国证券监督管理委员会发布《绿色债券支持项目目录（2020年版）》，首次将碳捕获、利用与封存（CCS/CCUS）项目纳入其中，这是一个重要的里程碑。《中华人民共和国国民经济和社会发展第十四个五年规划和2035年远景目标纲要》明确煤制油气作为全国重点经济安全保障工程，并稳妥推进多个煤制油战略基地建设。

第三，煤炭的材料化利用得到积极拓展。如山西省部分地市积极开发石墨烯气凝胶、碳纤维等碳质新材料技术和产品。

二、我国煤炭供需结构分析

（一）我国煤炭供需结构体系

煤炭在经过生产与加工之后，可以转换成为二次能源，其中包括主要的煤炭制品以及各类天然气产品与石油产品等，从消费角度来看，这些都是工业消费的主要组成部分，同时还包括交通能源消费和建筑领域能源消费。按照煤炭生产供给与消费结构的关系来看煤炭的总生产与消费结构可以如图 4-5 所示。

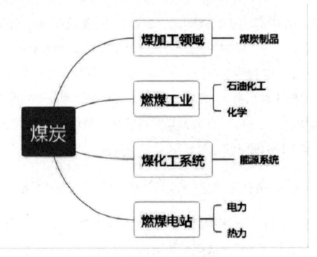

图 4-5 煤炭生产消费结构

（二）煤炭供应影响因素

在煤炭供应影响因素当中，煤炭资源总量是影响最为明显的因素，我国很多地区煤炭资源丰富，且煤种类齐全。以云南省为例，我国云南省的煤炭资源预测量超过 473 亿吨，累计探明煤炭资源储量超过 300 亿吨。但与很多地区类似，云南省也存在煤炭资源构成不合理和分布不均匀的现状，实际上我国煤炭资源本身分布存有显著的时域性和地域性。除此之外，资源地理分布不均衡是非常重要的煤炭供应影响因素，而且在未来很长一段时间内这一因素都将成为煤炭供应的主要影响条件。例如，矿区地质构造类型多样，导致勘探程度较低，或是工业化与城镇化影响了煤炭的正常勘探等。

（三）煤炭需求影响因素

按照经济学的供需理论不难理解商品的供需受商品价格的影响比较明显，所以价格因素是影响商品供需关系的典型因素。我国煤炭资源在市场经济出现之前，完全在计划经济的环境下运行，所以这一阶段的供需关系受到市场经济体制和价格因素的影响比较明显。不过从21世纪初期开始，煤炭已经逐步过渡为市场定价为主的发展局面，此时的煤炭已经作为一种商品进入市场。这表明经济发展是影响煤炭需求的主要条件，尤其是进入21世纪之后，我国的工业化进程明显加快，工业生产领域是煤炭长期以来的能源需求方。

与此同时，产业结构变化也会导致煤炭需求量发生转变，因为经济总量增长会导致产业结构在短时间内发生较大改变，中国经济结构调整优化之后，无论是服务水平还是消费水平，都得到了稳步提升，第三产业增加值占国内生产总值（Gross Domestic Product，以下简称"GDP"）的比重越来越高。另外工业企业和工业部门的煤炭消费量高于农业和其他服务业，原因在于服务业当中的某些煤设备被替代为电力设备或天然气设备，且高科技产业的数量短时间内大幅上升。

从能源消费结构的角度来看，为了改变高消耗和高排放的能源消费现状，我国在2022年来大力推进可再生能源的应用，所以低碳转型会给未来的煤炭需求产生不同程度的影响。从宏观政策层面分析，政府部门在节能减排上进行了综合调控，制定了一系列管理政策和环境排放标准，使得煤炭等高二氧化碳排放能源的应用要求和使用成本不断提升，迫使一些企业减少煤炭的消费量。再加上科技水平的不断进步，我国对于可再生能源的利用和技术研发已经进入了产业化时代，基础设施水平和城市化水平进程也让传统的煤炭资源应用受到了一定的影响。

此外，世界范围内的石油价格和天然气价格也会影响煤炭需求。由于石油在我国能源总量当中也占据了较高的比例，是除去煤炭资源外的第二能源品种，所以天然气和石油作为煤炭的替代能源会受到价格因素的影响，所以国内煤炭价格会受到国际石油价格和天然气价格的影响。

三、我国煤炭资源需求预测分析

从整体上概括我国煤炭资源储备特征和产业发展现状后，不难看出供给侧结构性改革是煤炭产业发展直线阶段的必然选择。而从资源角度进行分析，我国能源结构以煤炭为主，在快速工业化的进程当中不断增加对于化石能源的需求。从 20 世纪 80 年代开始，国内的煤炭需求就以非常迅猛的速度增长，近 10 年来我国已经是世界范围内的煤炭消费大户，消费量已经占据全球煤炭消费总量的大约 50%，所以在进行资源需求预测的时候也可以从不同阶段作出科学的评估。

首先，20 世纪 90 年代初，这一阶段我国煤炭始终保持小幅度的稳定增长发展趋势，而煤炭的供需关系也主要表现为煤炭供给量较为短缺，国家开始鼓励地方性煤矿产业投入运行以解决供给难题，在这一阶段我国煤炭行业实现了前所未有的发展。

其次，20 世纪 90 年代至 21 世纪初期，这一阶段的煤炭消费虽然增幅不明显，但我国煤炭产量却有着比较明显的增加趋势，煤炭资源开始由短缺逐步过渡为产业过剩，也因此呈现出节能减排问题和经济社会发展之间的矛盾，在环境保护方面缺乏统一协调。

最后，21 世纪初至今，这一阶段煤炭消费呈现出非常显著的发展趋势，煤炭过剩问题也因此得到了缓解。另外，在这一阶段国家对于经济建设的重心发生了转移，煤炭需求量也因此大幅上涨。我国在这一阶段内的经济增长，实际上代表的是典型的煤炭驱动型增长，也正因如此我国消费转入了新的阶段，清洁能源消费开始出现不同比例的上涨，耗煤行业的消费比重开始下降，例如钢铁与建材行业的耗煤也逐步减少。在能源结构优化与清洁能源大规模投入应用之后，经济增长在短时间内速度放缓，煤炭需求面有所减少，但整体来看，煤炭仍然是我国不可或缺的关键一次性能源，煤炭的未来消费量在今后一段时间内，很可能仍然保持在大约为 40 亿吨的水平，煤炭市场保持低位运行。

第二节　我国煤炭进出口贸易分析

煤炭是我国重要的基础能源，是一次性能源的主体。我国煤炭资源的可靠性、供给的稳定性以及与石油相比价格的优势，决定了煤炭工业在我国国民经济和社会发展中的重要地位和突出作用。煤炭经济运行形势的好坏与我国经济发展密切相关。

一、我国煤炭进出口贸易变化

（一）我国煤炭进出口变化的原因

我国煤炭进出口变化的原因，可以归纳为以下几点：

1.南方经济发展促进需求

广东、浙江等沿海地区经济的快速发展，加大了对电力的需求，所以动力煤的需求直线上升。这些地方的发电厂之所以不用国内煤炭，而从国外进口。最重要的因素是运输问题。"北煤南运"比从国外进口还要贵。一个火车专列只能运几千吨煤，而一艘万吨货轮少则运输两万吨，多则十万吨，运输成本比国内火车还便宜。

2.国际市场煤价低迷，促进进口煤炭成倍增加

进口煤炭的价格比国内煤炭的价格有竞争力。加入世界贸易组织（WTO）后，我国对国外煤炭的市场准入更加宽松。进口成本的减少，再加上进口煤炭质量的稳定性更有保障，于是沿海一些发电厂的目光自然转向了国外市场，从而使国内煤炭企业面临着进口煤炭的激烈竞争。

3.地方干预影响巨大，不能形成全国统一的煤炭市场

我国的煤炭资源总量比较丰富，然而分布却很不均匀，主要产区集中在中西部地区。东部经济发达地区的煤炭资源普遍较为贫乏。在这种资源背景下，我国煤炭经常需要跨地区销售，调剂不同地区的余缺。由于各地政府为了保证本地经济发展需要，纷纷采取地方封锁的手段争夺煤炭资源，限制本地煤炭的外运。

4.煤炭运输效率不高，铁路运输体制有待进一步改革

我国铁路系统建设还不能满足我国快速增长的经济需要。铁路主要干线运输能力趋于饱和，亟须建设更多的铁路。另一方面，我国铁路系统的运输效率较低，这也在一定程度上影响了煤炭的顺畅流通。我国的铁路系统长期处于国家计划的控制之下，运力主要由国家统一分配，而国家计划和市场实际需求之间是有较大差距的。煤炭供求的运输环节与其他环节出现了脱节现象，致使买卖双方不能自由选择铁路运输时间和运量。

（二）煤炭进出口贸易变化对煤炭产业的影响

煤炭的进口量相比我国总的煤炭消耗量来说，实在是微不足道。要用进口煤炭较大

范围地代替国内煤炭是完全不可能的，进口煤炭只适用于沿海极少数地区，在全国整个消费总量中，进口煤炭的数量占比很少。

1.我国可从国际市场采购的煤炭数量微不足道

我国是世界第一的煤炭生产和消费大国，我国煤炭需求量巨大，国际上的煤炭供应难以满足其全部需求。进口煤炭只能作为我国煤炭供应的一种手段。

2.国内煤炭价格仍然明显低于国际煤炭价格

我国幅员辽阔，煤炭产地和消费地严重分离，铁路运价不断提高，造成我国南方少数沿海地区的进口煤炭价格和国内运进的煤炭价格相当，甚至低于国内煤炭价格。但是，毕竟这样的地区范围狭小，消耗量在全国煤炭的消耗总量中所占的比重不会超过3%。

3.煤炭净进口促使煤炭产业结构优化

近几年随着电力、冶金等高耗能重工业的飞速发展，煤炭行业产能屡创新高的同时，我国煤炭资源的浪费程度让人心惊。煤炭的过度开采也带来了很严重的环境问题。

发展循环经济，充分利用资源，已成为煤炭企业实现低成本扩张、做大企业的一条捷径。从某种意义上说，"煤炭净进口"局面的出现是推动煤炭企业提高经济增长质量、实现可持续发展的催化剂。煤炭企业发展循环经济正当其时。

（三）应对我国煤炭进出口贸易变化的具体对策

针对目前我国煤炭进出口贸易中出现的新问题，应采取以下具体对策：

1.灵活执行国家煤炭进出口的各项政策规定

目前我国国民经济的高速发展的确需要大量充足的能源供应，在其他新能源和可再生能源还不能担当重要角色之时，限制煤炭出口增加进口，是保证国民经济稳定持续发展的重要条件，同时煤炭又是不可再生的稀缺性资源，因此要贯彻落实国家关于煤炭进出口的各项政策规定。

2.更好地利用国外的煤炭资源

目前，我国煤炭工业正在走可持续发展战略，一方面组建大型煤炭基地，组建综合能力强的大型煤炭企业集团；另一方面，在"走出去战略"上获得突破，开始在海外进行煤炭开采。这样不仅可以在关键时刻解我国国内能源急需之困。

3.坚持节能降耗和提高商品煤质量不动摇

煤炭行业不仅为社会生产能源，供应能源，同时也是耗能大户。煤矿有为数众多的采煤机械、加工设备，每年的电耗相当惊人。如果在源头上运用先进的采煤方法，提高煤炭回收率，采用先进的煤炭洗选技术提高商品煤的产率、降低煤炭加工原材料的消耗等，都可取得节能效益，并可在建设节能型矿区方面作出贡献。

4.走煤炭工业可持续发展之路

在我国煤炭出口锐减的大趋势下，煤炭出口企业应加大产业结构调整，优化产品结构，尽快构建循环经济，延伸产业链，走煤炭工业可持续发展之路。无论是煤变电还是煤变油，在循环发展中，煤炭既提供了洁净能源，又保护了矿区环境，同时，通过矿区循环经济的建设中可以催生新产业。这样，即使煤炭再度过剩也不可怕，因为煤炭产业链已得到延伸，煤炭资源可就地转化，不仅减轻了运输压力，还改变了煤炭行业只销售煤炭初期产品的单一产品模式。

5.加快铁路运输建设

东南沿海地区之所以要进口煤炭，其中最重要的原因就是由于"北煤南运"和"西煤东运"的距离远，运输环节过多，而导致的煤价过高。近年来，我国运煤铁路新线的建设存在明显不足，制约着煤炭铁路运输量。因此政府在煤炭铁路运输方面应加大投入，以解决煤炭运输的瓶颈制约问题。另一方面，国家应出台相关强硬的政策措施，梳理煤炭运输环节，减少不必要环节。

6.建立煤炭国家战略储备

我国是世界上第一大煤炭消费国，今后国民经济社会的发展对煤炭的需求总体上还呈增长趋势。而国际煤炭市场是变幻莫测的，在国际煤价过高之时大量进口就会危及国家能源安全。因此不能无限制地进口煤炭，要建立起我国自己的煤炭战略储备，保障国家能源安全，如加大煤田的地质勘探力度，进一步提高煤炭开采准入门槛，限制小煤矿的滥采乱挖，保护珍贵的不可再生的煤炭资源；应在全社会范围内，纠正煤炭库存方面不正确的观念，使煤炭的社会库存率保持在合理的范围内，避免出现"煤荒"后对进口煤炭的过分依赖。

随着我国煤炭工业的发展和世界经济的发展，我国煤炭进出口经历了从少量出口、没有进口，大量出口、少量进口，到现在的出口量急剧下降、进口量迅速增加的变化历程。这些变化主要受经济建设发展、煤炭资源分布、主要用煤行业需求变化、煤炭进出口政策变化、我国煤炭铁路运输瓶颈制约等因素的影响。笔者认为一方面要贯彻执行国家有关煤炭进出口方面的政策规定，另一方面要多方努力提高煤炭企业的竞争力，保住重要的有长远战略意义的国外大客户。

要走煤炭工业的可持续发展之路，就要在适量增加进口煤炭的同时，加大煤田地质勘探力度，增加国家的煤炭战略储备能力。发展循环经济、延伸产业链，在促进煤炭就地转化方面做大文章，实现我国煤炭的清洁开采和洁净高效利用。

二、我国煤炭进出口贸易现状分析

我国煤炭资源丰富，主要分布在华北、西北和西南地区。据统计，我国煤炭储量约占全球总储量的12%，位居世界第三。然而，由于地域分布不均，煤炭生产与消费呈现出逆向分布的特点。目前，我国煤炭进口主要来自澳大利亚、印度尼西亚、越南等国家，出口主要面向日本、韩国、印度等国家。

（一）我国煤炭进出口贸易情况分析

1.国内进口值得关注

按国家统计局的数据，2023年1月到1月，全球煤炭进口总量8.646亿吨，同比增长9.2%，我国月度煤炭进口量则为3.239亿吨，同比下降1.2%，但其中在2020年整体市场需求放缓的情况下，特种煤类型仍然非常受欢迎，11月我国煤炭进口量超过7亿吨，同比增长2.2%，表明我国国内煤炭进口市场仍具有发展潜力，市场开放将促进行业发展。

2.国外出口持续稳定发展

2023年全球煤炭出口量约81.5亿吨，总体涨幅较大，我国出口总量19亿吨，创历史新高，我国仍然是全球煤炭出口国重要表现者，大力推动煤炭出口为相关企业带来了实实在在的经济效益。

（二）我国煤炭进出口贸易市场分析

我国煤炭消费长期以来一直是全球煤炭市场的主导力量。国内的能源需求主要由煤炭驱动，特别是电力、钢铁和建材等行业。然而，随着近年来我国经济增长模式的转变和环保政策的加强，煤炭在我国能源结构中的比重正在下降。可再生能源的快速发展和清洁能源政策的推进，使得国内对煤炭的需求增速放缓。

1.我国煤炭行业贸易逆差呈现扩大趋势

我国煤炭行业主要以进口为主，根据中国海关总署前瞻产业研究院统计数据显示，2022 年，我国煤炭进口达到 29 320 万吨，出口量为 400 万吨，且我国煤炭行业进出口贸易逆差整体呈扩大趋势，2022 年我国煤炭行业贸易逆差规模扩大至 413.83 亿美元。

2.2022 年我国煤炭进口规模七年来首次下滑

尽管我国煤炭资源丰富，但随着钢厂高炉炼铁等工业技术发展，对炼焦煤的配比要求也更加严格，而我国优质炼焦煤储量和产量极为有限，因此主要依赖进口。此外，进口煤炭在价格和质量上同样具有优势。2018—2021 年，我国煤炭进口规模逐年提升，2022 年，海外煤价以及国际疫情影响抑制了部分煤炭进口的需求，我国煤炭进口规模出现七年来首次下滑，达到 29 320 万吨，同比下降 9.29%。

3.我国煤炭进口金额先降后升

从进口金额来看，2018—2022 年，我国煤炭行业进口金额呈先降后升的态势。2022 年，我国煤炭进口总额为 426.15 亿美元，同比增长 18.72%.

4.2022 年我国煤炭出口规模快速回升至 400 万吨

我国煤炭出口规模较小，而且呈现波动下降的趋势。2018—2022 年，我国煤炭出口规模波动下降，其中，受疫情影响，我国煤炭出口规模大幅下降 47.1%，2021 年煤炭出口再次下降，2022 年我国煤炭出口规模快速回升至 400 万吨，同比增长 53.85%。

5.2022 年我国煤炭出口金额大幅上升

从出口金额来看，2018—2022 年，我国煤炭行业出口金额呈现波动变化趋势，2022 年，我国煤炭出口总额为 12.32 亿美元，同比增长 144.44%。

（三）我国煤炭贸易模式研究

1.贸易渠道扩展

（1）进口渠道的深入分析

我国煤炭进口的渠道体现了市场的多元化和灵活性。长期协议作为主要的进口方式，不仅确保了煤炭供应的稳定性，还利于双方在价格和供应量上达成长期稳定的预期。这些协议通常与大型煤炭生产国的主要矿业公司签订，保障了进口商对煤炭质量和供货的可靠性。现货采购则提供了更高的市场灵活性，使得在煤炭价格波动时，进口商可以迅速响应市场变化，把握成本控制。国际招标方式则主要用于大型国有企业或政府采购，通过公开透明的竞争机制，选择性价比最优的供应商。

（2）出口渠道的进一步讨论

在出口方面，政府间协议确保了双边贸易的稳定和长期合作，特别是在与邻国间的能源合作方面。这些协议通常涉及长期的能源供应和基础设施建设合作。在双边贸易中，通过直接与目标国的企业或政府进行谈判，降低了中间环节，减少了交易成本。而国际展会则为我国煤炭出口企业提供了一个展示自身实力和探寻新市场的平台，有助于建立品牌形象并扩大国际影响力。

2.运输方式详细说明

（1）进口运输的补充

海运是我国煤炭进口最为关键的方式，不仅因为它能够实现大规模的运输需求，还因为它的成本效率较高。我国拥有若干大型港口设施，能够应对大量的煤炭吞吐量。但海运也存在着不确定性，如季节性的台风可能会影响航班的安全和时效。铁路运输虽然在某些情况下更为高效，但由于国内铁路网络的紧张，它更多地被用于邻国供应商的进口，如从蒙古国和俄罗斯进口煤炭。

（2）出口运输的额外信息

在出口方面，铁路和公路运输显示了其在短途和陆地邻国贸易中的优势。例如，对于向俄罗斯、蒙古国等国家的出口，铁路运输是首选方式。海运则用于远洋贸易，但由于其较高的成本，通常只在海上运输价格具有竞争力时被选用。

第三节 经济全球化趋势下我国煤炭贸易持续性探讨

现今经济全球化趋势明显加快，贸易自由化进程也在加快，煤炭贸易格局发生变化，我国煤炭供求状况与国际市场紧密联系在一起，我国煤炭贸易的影响力在明显提升。当我国煤炭货源不足，出现供不应求的状况时，世界煤炭市场将受到重大影响，海外中国煤炭用户也会产生较大的疑虑。因此，当我国煤炭贸易具有稳定的趋势时，我国的经济发展状况会十分优良，世界经济也会处于稳定的形势中。

一、经济全球化下的世界煤炭贸易

（一）世界煤炭消费量增加，所占比例下降

进入 20 世纪以后，虽然世界煤炭消费总量在不断增加，但是所占比例在明显下降。

（二）世界各地区煤炭消费趋势大相径庭

去除西欧、东欧等区域外，煤炭消费总量在不断上涨，但是每个区域的消费状况却存在较大的差异。因为煤炭的价格较为低廉，储存、运输过程中也有较大的便利性，各国对煤炭的需求量在提升。对我国与印度来说，煤炭主导着能源市场。此外，科学技术水平的不断提高，煤炭燃烧的效率增加，温室气体的排放数量降低，形成了优良的能源体系，煤炭消费依然是一个重要的能源选择。

（三）国际煤炭贸易相对集中

亚洲市场与欧美市场为世界煤炭贸易的主要两大区域市场，中国、澳大利亚等为亚洲市场的主要供煤国家，日本、印度等是亚洲市场的主要煤炭进口国家，美国、南非等为欧美市场的主要供煤国家，拉丁美洲各国等是欧美市场的煤炭进口国家。现今亚洲煤炭进口的势头较猛，西欧地区呈现缓慢的增长趋势，同时，煤炭生产成本在大幅度上升，煤炭工业补贴也被取消，煤炭产量明显下降。因此，煤炭进口数量大幅度增长，在亚洲，近几年日本、韩国等对煤炭的强力需求，导致亚洲煤炭进口量明显增加。

二、经济全球化趋势下的中国煤炭贸易

（一）煤炭进口

现今我国煤炭进口量呈现蓬勃的上升趋势，在内需增长的情况下，2004 年开始，煤炭进口量翻倍增长，煤炭进口量迎来崭新的阶段。煤炭进口格局也发生了显著变化。

（二）煤炭出口

当前我国煤炭出口数量产生较大幅度的变化，2002 年开始，煤炭出口数量明显下降，

当时我国煤炭需求量在增加，供应状况也发生变化，国内煤炭价格在提升。同时，在出口退税政策发生变化、铁路运输向内贸倾斜等诸多因素的作用下，煤炭出口格局发生较大程度的变化，出口数量在减少。煤炭出口是我国经济发展的重要力量，当出口数量受到影响时，我国的经济也会产生较大的波动，不利于国际地位的提升，当煤炭出口数量提升时，我国的经济格局会发生变化。

（三）中国的出口市场

亚洲是主要的煤炭出口市场，其次为欧洲、南北美洲。在煤炭出口数量持续增长的过程中，国际煤炭贸易格局产生变化，东南亚区域的煤炭格局受到最大的影响。南非煤炭在东南亚市场中受到明显的挑战，主要向欧洲地区供应煤炭；澳大利亚向东南亚区域供应煤炭的数量也在降低，常规的市场份额被中国、印度尼西亚代替。此外，中国的出口市场产生较大的波动，世界贸易格局会产生变化，影响经济的长久稳定发展，此种情况应获得人们的高度重视。

三、我国煤炭贸易持续性探讨

（一）煤炭贸易的格局发生变化

当前世界煤炭贸易呈现持续增长的趋势，世界格局也发生了改变，中国已经变成重要的煤炭进口国。新兴煤炭出口国的产量在提高，常规煤炭出口国的出口量相对稳定，或者呈现下降的趋势，但是煤炭出口国的地位依然获得大力的保障。现今煤炭贸易格局的变化情况十分显著，其对中国经济实力、国际地位都产生显著的影响。在诸多因素的作用下，我国应提升对煤炭贸易格局的认识程度，与相应区域建立稳定的合作，保障国际地位的稳步提升。

（二）国内和国际市场互动性增强

受国际石油供应能力影响，国际贸易中出现了许多不确定性的因素。当前世界对煤炭的需求量在显著增加，众多产煤国家的煤炭产量在提高，国际贸易也大幅度增长，国际市场煤炭价格呈现下滑的趋势。蒙古国等国家都增大了煤炭开发力度，一些区域优良的煤质开发地带，开采中成本花费较少，众多国家到此地开发建矿，煤炭市场的供求发生改变，煤炭市场的供求呈现不稳定的趋势，互动性在大幅度增强，带来更大的经济效益。

总而言之，对我国煤炭贸易的持续性来说，我国明显增加了投入世界市场的煤炭产量，如果世界经济环境发生变化，我国经济发展状况会受到影响，煤炭企业的发展将受到阻碍。

第四节　世界煤炭贸易形势及对我国煤炭市场的影响

我国作为以煤炭资源为主要能源的国家，有较多的煤炭储备，但同时也存在分布不均衡的问题。我国煤炭需求的变化，以及煤炭贸易情况，对国际煤炭市场造成了一定的影响。同时，世界的煤炭贸易趋势，特别是亚太地区煤炭贸易政策的变化，也对我国的煤炭市场造成较大冲击。面对世界煤炭贸易的新格局，探索我国煤炭市场的应对策略，对推动我国煤炭对外贸易经济发展，有着重要的作用。

一、世界煤炭贸易形势

（一）煤炭资源的分布

煤炭作为天然的化石能源，在全球范围内有着较多的储备。目前，全世界的煤炭资源储备量达到 1.083 万亿吨，根据各个国家的煤炭开采情况，预估当前可供开采的煤炭资源年限为 200 余年。从整体上看，世界煤炭资源的储备量较为丰富，但呈现出南北分布不均的情况。煤炭资源更多集中于北半球，占总储备量的 70% 以上，明显多于南半球，其中，北半球中亚洲和北美洲的煤炭储备更为丰富，分别占全球储备量的近 60% 和 30%，而欧洲地区的储备量仅占 8%，南美洲更少。根据相关数据显示，美国的煤炭储备量多达 2 400 多亿吨，而我国可开采的储备量约为 1 145 亿吨，虽然总量较大，但是与美国相比仍存在较大差距。整体上，北半球的储备量多于南半球，特别是亚洲的储备量较多，使亚太地区成为世界范围内最大的煤炭贸易区。中国和印度作为发展较快的两个国家，强大的煤炭内需带动煤炭贸易快速发展，使越来越多国家的煤炭资源向中国、印度、韩国等国家出口，形成亚太地区全新的贸易中心，推动我国煤炭贸易的增长。

（二）世界煤炭贸易基本形势

经济的快速发展，使各个国家能源需求不断增加，国家之间的煤炭贸易日趋频繁，呈现出全新的贸易形态。

第一，煤炭作为国家生产和发展的主要能源，在国际范围内贸易形态，与国家内需表现出一定关联。而煤炭贸易，受到国家贸易体制影响，使出口量和出口方式存在较大的限制。

第二，中国与印度作为亚太地区煤炭需求量较大的两个国家，在煤炭贸易中的地位和影响力不断提升。

第三，第三，澳大利亚有着大型煤炭企业，实现了国际化。因此，澳大利亚等国家在国际煤炭市场中有一定的竞争优势，很多国家的进出口贸易由澳大利亚煤炭企业掌控。

第四，随着全球范围内煤炭需求量的不断提升，很多国家的煤炭企业不断扩大发展空间，针对海外市场开始抢占资源，呈现出全新的竞争格局。

第五，煤炭有着不可再生的特性，在不断开发下，必然会出现供需不均衡的问题。而作为工业生产中不可缺少的能源，各个国家对煤炭资源的储备较为重视，煤炭资源在国际市场的竞争日趋激烈，煤炭资源的价格也必然会呈现持续增长的趋势。

二、世界煤炭贸易趋势对我国煤炭市场的影响

（一）我国煤炭贸易面临的新形势

我国虽然整体的煤炭资源储备量较多，但各地区的资源分布不均匀，出现地区持有量不均衡的问题。我国的煤炭资源主要分布在华北和西北地区，呈现出北多南少、西多东少的特点，而各个省区市中，山西、内蒙古、陕西的储备量较多，其中山西作为储备量最多的省份，占全国总量的30%左右。近年来，世界煤炭贸易呈现出不断增长的趋势，也使我国的煤炭贸易呈现较大变化，从以往过多的出口，转变为进口量多于出口量，表

明我国的煤炭资源需求在不断提升。但受到全球经济放缓影响，国内外的煤炭需求迅速减少，国际煤炭进出口贸易更多地受益于我国经济的带动。作为世界上最大的煤炭消费国，我国内部的供需矛盾更加突出，根据相关数据显示，我国煤炭的储备量还可维持37年左右，而经济的快速发展，使我国煤炭必然会出现依靠进口的趋势。而我国煤炭进出口形势会对国际煤炭贸易格局产生较大影响，使煤炭产业的竞争格局、资源分布和进出口情况都出现一定的变化。

（二）我国煤炭贸易面临的新要求

随着世界煤炭贸易的飞速发展，我国煤炭市场的竞争愈加激烈，对我国煤炭的产品质量、技术水平和服务质量等方面的要求逐渐提高。据目前来看，为不断提高我国煤炭市场的竞争力，我国各大煤炭企业都积极引进了各种先进的煤炭开采技术、应用技术与生产设备设施，加大了研发力度，力求由数量保障转化为质量保障。客户需求的变化，对我国煤炭的进出口造成一定影响。煤炭作为不可再生资源，每个人都有责任和义务去保护，因此在世界煤炭贸易的发展进程中，实现对煤炭资源的生态保护获得了广大人民群众的支持。但是，由于我国个别地区煤炭资源紧缺，难以满足供需要求，使相关煤炭产业常处于超出生产能力的状态，硫、灰等成分含量过高的煤炭资源通常会被抛弃，导致煤炭行业的生产效率大幅度下降，无法满足用户的实际需求。同时，亚太地区的煤炭市场在世界煤炭贸易的发展中，受我国、印度等国家社会经济发展速度与城市建设速度的影响，对煤炭资源需求量持续增长，使之在世界贸易中的影响力和占有率日益突出，在一定程度上提高了海外的投资速度，扩大了投资规模。这一发展形势，虽然为我国煤炭行业带来了全新的发展机遇，但也使我国煤炭贸易市场呈现出激烈的竞争态势。在这一影响下，对我国煤炭的质量要求也就越来越高，只有提升煤炭资源的质量，才能在世界煤炭贸易中保持持续发展的态势。

（三）我国煤炭贸易面临的新转型

在世界煤炭贸易中，对于煤炭资源消耗最大的行业，主要是钢铁工业和电力工业，在一定程度上影响并决定世界煤炭贸易的发展形势和走向。我国煤炭贸易能否获得长久的可持续发展，也在一定程度上取决于世界钢铁工业和电力工业的发展情况。钢铁工业需要的煤炭资源主要是炼焦煤，与电力工业相比，对世界煤炭资源的需求量相对有限。主要是因为世界贸易对钢铁产品的需求量增长有限，在一定程度上阻碍了钢铁工业的发展规模，使其无法扩大，从而导致在炼焦煤资源的引进方面存在局限。尤其在钢铁工业生产技术加快更新的背景下，特别是对电炉炼钢、高炉喷吹技术的引进，有效节省了炼焦煤。而电力工业，无论是在发达国家还是发展中国家，都处于持续发展的态势。世界电力工业规模的持续扩大，必定会带动世界动力煤炭贸易的快速发展。由此可见，我国煤炭贸易市场面临着新转型，只有高度重视，把握全新的发展机遇，引进各种先进的技术与方法，才能更好地在世界煤炭贸易中站稳脚跟。

三、世界煤炭贸易促进我国煤炭市场发展的对策

（一）重视加快新技术引进与生产模式创新，推进煤炭市场创新发展

为更好地应对世界煤炭贸易市场竞争激烈化、价格上升化和分布失衡化，助推我国煤炭行业与煤炭市场的稳定、安全、绿色发展，应加大新技术的引进力度，创新生产模式，努力探索一条全新的发展道路，更好地满足我国煤炭市场的发展需求。

第一，积极把握全球信息化与数字化的发展新机遇，引进先进的信息技术手段，加强我国煤炭行业与信息技术、互联网平台的融合，借助网络平台拓宽我国煤炭市场的发展渠道，将煤炭企业资源服务延伸到电子商务领域中。借助电子商务创新煤炭经营、营销形式，能够有效加强煤炭生产企业与客户交流。同时，网络还可为实现我国煤炭市场对外贸易提供平台，通过搭建国际性的网站拓宽对外交易渠道，强化煤炭市场的信息流通，帮助煤炭企业时刻把握国外煤炭的发展动态，为促进我国煤炭市场变革提供重要支持。

第二，要在宣传力度、拓展业务范围和贴近政策等多方面下功夫，结合自身的实际情况搭建面向全球的战略体系，确保我国煤炭市场在竞争激烈的世界贸易洪流中站稳脚跟。

第三，针对我国煤炭开采与生产，应加大设备的研究力度与技术创新，积极购入国内外先进的设施设备与技术手段，增加储量检测、开采施工、脱硫处理等工作。这能够提升工作效率，避免出现超能力生产、高危生产与高浪费生产，助推我国煤炭生产活动低能耗、低污染和标准化。

（二）加快沿海地区进口煤中转储备基地与交易中心建设，提升贸易水平

受我国煤炭市场的运输规模较大、运输距离长和运输能力紧张等多方面因素影响，煤炭市场经常会出现阶段性、区域性的供需矛盾，在一定程度上影响我国煤炭市场的贸易发展。长期以来，华南与华东沿海经济发达地区的煤炭能源资源相对匮乏，需求量旺盛，主要以"铁海联运"调入北方煤炭的形式，解决自身煤炭的供需问题。但受市场价格波动与运输问题影响，这些地区对国外煤炭的需求逐渐增大。为有效解决这一问题，更好地应对世界煤炭贸易趋势带来的影响，增强我国煤炭市场的竞争力，应加快沿海地区进口煤中转储备基地与交易中心的建设，解决我国煤炭市场的运输问题，提高我国煤炭市场的核心竞争力。一方面，可选择在东南沿海地区建设国外进口煤炭中转储备基地，依托沿海港口的海上运输优势，通过海上运输的方式购入进口煤，有效缓解自身的能源紧张问题，并借助基地建设营造良好的港口集疏运条件，减轻北方煤炭向南方运输的压力，有效节约运力资源，保障国民经济健康发展。另一方面，针对日本、韩国和中国台湾地区从南非进口煤炭运输周期长、运输费用增加及煤炭价格优势大打折扣等问题，应充分发挥我国煤炭资源的优势与地缘优势，积极利用沿海的优良港口资源。面向国内、国际煤炭市场，搭建国际性的对外贸易煤炭交易中心、定价中心，构建完善的煤炭物流供应链和物流网络。这能够发挥对亚太地区煤炭贸易乃至国际煤炭市场的导向作用，提升我国对外贸易水平的同时，营造良好的中国煤炭市场发展环境。

（三）健全国家煤炭应急储备机制，做好科学分析和预测工作

我国政府制定了电煤价格并轨机制，给我国的煤炭生产企业带来了很大的机遇和利益。在此基础上，我国需要进一步健全国家煤炭应急储备机制，并结合国际煤炭贸易形势的具体情况做好科学的预测和分析工作。积极选择适合的时机进口与储备煤炭资源，才可以更好地通过市场引导的方式调节国内煤炭市场的供求关系。与此同时，还需在比较紧急的情况下，提高煤炭资源的供应能力，进而有效应对自然灾害，解决因自然灾害导致的煤炭资源供应中断问题。在制定政策的过程中，也需要维护我国煤炭进口权。

总而言之，煤炭资源作为能源型资源，是各个国家工业生产不可缺少的资源。而作为一种不可再生的能源，各个国家对煤炭资源都较为关注，并结合内需情况进行储备。我国在形成国内煤炭市场的同时，煤炭进出口贸易也受到国际环境影响。特别是世界煤炭贸易供需变化，对我国的煤炭贸易提出新要求。对此，需要根据煤炭需求的变化，构

建煤炭交易市场体系，通过优势资源互补，推动煤炭产业快速发展。同时，引入全新的技术手段，加快煤炭产业生产模式的革新，增加我国煤炭的储备量，推动煤炭市场的创新发展，从而更好地应对国际化的挑战，使我国的煤炭行业在国际竞争中占据更大优势。

第五节　我国煤炭贸易走势展望

我国作为世界上最大的煤炭生产和消费国，煤炭贸易的发展趋势不仅对我国的能源结构和经济发展有着重大影响，也对全球煤炭市场产生深远的影响。

一、影响我国煤炭贸易走势的因素

（一）国内影响因素

1.能源政策的调整

我国政府在进行能源政策调整的过程中，对能源结构转型的推动表现为多方位、深层次的战略规划与实施。长期以来，我国经济的快速增长与能源消费，尤其是对煤炭的依赖，带来了环境污染与资源压力。因此，我国明确提出了减少对煤炭依赖的能源战略，并将其作为国家发展的重要方针。在这一政策导向下，预计政府将通过多种措施逐步降低煤炭的能源消费比重。一方面，将提升非化石能源的比重，如风能、太阳能、水能等可再生能源的开发使用，从而减少对传统化石能源的依赖。加大对新能源项目的投资，提供政策支持，以及优化电力市场结构，都是实现这一目标的关键步骤。另一方面，推进煤炭的清洁高效利用，是减少污染物排放、提升能源利用效率的重要措施。这包括煤炭洁净化技术的研发与应用、超临界和超超临界发电技术的普及，以及对煤炭化工等领域制定严格的环保标准。

同时，实施煤炭消费总量控制，意味着政府将通过设置能源消费上限、调整能源消费结构等手段，控制并逐步减少煤炭的消费总量。在达到峰值后，预计我国的煤炭消费量将会出现逐渐下降的趋势。

2.环境法规严格化

环境法规的严格化将直接影响煤炭行业的运营成本和竞争格局。新的法规要求企业必须采用更为先进的减排技术,提高能效标准,这可能会导致那些无法满足新标准的小型和效率低下的煤矿退出市场。

3.经济增长模式转变

在经济增长模式转变方面,我国已经开始重视经济发展的质量而非仅仅追求速度。这种以创新和效率为导向的发展模式,将减少对能源,特别是高污染能源的需求强度。随着服务业和高科技产业的比重提高,能源结构也将随之优化。

4.新能源替代

新能源的替代作用日益明显,风能、太阳能等新能源的产能快速增长,电池存储技术的突破,使得这些能源在电力生产和消费中的比重上升,为逐步替代煤炭提供了可能。

综上所述,通过能源政策的调整,我国正朝着减少对煤炭依赖、发展清洁能源、实现经济与环境可持续发展的目标迈进。这些政策的实现将需要持续的技术创新、资本投入以及国际国内政策环境的协同推动。

(二)国际影响因素

1.全球气候变化政策

随着全球对气候变化问题的关切日益加深,国际社会已经开始采取一系列措施来应对这一挑战。各国政府、国际组织、民间团体以及私营部门都在积极探索和实践减少温室气体排放的策略和政策。在国际层面上,形成了一套包括但不限于碳税、低排放交易市场、可再生能源的政策激励、绿色金融和技术转移等多样化的政策工具组合。

我国作为碳排放大国之一,其在国际气候治理中扮演着极其重要的角色。我国政府已经承诺在 2060 年前实现碳中和,这对国内外的能源产业尤其是煤炭行业提出了巨大挑战。为了实现这一承诺,我国不仅需要调整国内的能源结构,加大清洁能源的开发力度,还需要在国际贸易中考虑到碳排放的因素,对煤炭等高碳能源的进出口贸易进行相应的调整。

2.国际能源价格波动

国际能源价格的波动是影响煤炭贸易的另一个关键因素。石油和天然气的市场价格波动对煤炭的价格和使用量有着直接的影响。例如，国际油气价格上涨可能会在短期内致使煤炭需求增加，但从长远来看，由于温室气体排放带来的环境成本，以及全球市场对清洁能源的日益偏好，煤炭的市场竞争力可能会逐步降低。

3.国际贸易环境

国际贸易环境的变化也是不可忽视的影响因素。中美关系和中澳关系等重要双边关系的变动，可能会直接影响煤炭的贸易流向和价格。例如，贸易摩擦可能导致煤炭出口市场的缩减或价格的波动。同时，全球贸易保护主义的发展趋势可能会通过提高关税壁垒、限制煤炭进口等措施，对我国的煤炭出口造成压力。

二、我国煤炭贸易走势展望

（一）出口走势展望

随着我国经济结构的转型和环保要求的提高，国内煤炭需求增速放缓已成为不争的事实。这样的变化直接影响了我国煤炭产业的出口趋势。长期以来，我国的煤炭生产主要以满足国内庞大的能源需求为导向，因此出口业务一直占据较小的比例。不过，随着我国对清洁能源的转型加速，特别是风能、太阳能等可再生能源的大规模开发和利用，煤炭作为最主要的污染源之一，其在国内能源消费中的比重预计将进一步下降。

在环境政策的压力下，我国政府对煤炭行业实施了更为严格的控制措施，包括提高排放标准、限制高污染煤炭的产量和使用，以及推动煤炭清洁高效利用的技术研发。这些措施虽然在短期内可能导致国内煤炭价格上升，但从长远来看，有利于推动煤炭行业的绿色转型和升级。

在国际市场上，随着其他国家对环境问题的重视程度不断提高，全球对煤炭的需求预计将呈下降趋势。但在某些发展中国家和地区，由于经济发展水平和能源结构的限制，煤炭仍然是主要的能源来源，这为我国煤炭出口提供了潜在市场。然而，受国际市场需求、运输成本、环境政策以及国际贸易形势等多方面因素的影响，我国煤炭出口的增长可能是有限的。

未来，我国煤炭出口的趋势将受到多种因素的共同影响，包括国内外市场需求的变化、国际能源价格波动、环境政策的制约、国际合作与竞争格局的演变等。我国煤炭行业在寻求出口增长的同时，也需要关注转型升级和提升国际竞争力，通过提高煤炭的清洁利用程度和生产效率，实现可持续发展的目标。

（二）进口走势展望

在短期内，我国的煤炭进口趋势可能会受到多种因素的影响。由于国内外煤炭价格的波动、供应链的变化，以及国内特定种类煤炭需求的存在，我国仍然会有进口煤炭的需求。特别是对于某些高能值、低硫低灰的优质煤炭，这些往往在国内稀缺，需求企业通常需要依赖进口来满足生产需求。

另一方面，我国政府也一直在推动产能的释放以及煤炭产业的转型升级，这将逐渐增加国内煤炭的供给能力。随着高效、环保的大型矿井产能的逐步释放，以及煤炭行业结构调整的深入推进，国内煤炭生产总量有望保持稳定甚至增长，这将在一定程度上减少对进口煤炭的依赖。

同时，我国政府正在大力推进能源结构的调整，特别是新能源发电的快速发展。风能、太阳能等可再生能源的装机容量在不断扩大，新能源发电的比重也在整个能源消费中占比越来越高。随着清洁能源技术的进步和成本的降低，新能源发电将在更大程度上替代传统的煤炭发电，这在未来可能会导致对我国进口煤炭需求的减少。

此外，我国政府对于环保的要求日益严格，这也促使电力、钢铁等煤炭消费大户向更清洁、更高效的能源转型。例如，电力行业的超低排放改造和高效节能发电机组的建设，都将提高煤炭利用效率，减少对煤炭的消耗量。

综上所述，在短期内我国可能仍需依赖进口煤炭以满足特定需求，但从长远来看，随着国内产能的提升、能源结构的优化以及环保政策的实施，进口煤炭在我国能源消费结构中的比例预计将逐步下降。这一趋势也将促使我国煤炭市场和相关产业适时调整策略，确保能源安全和产业的可持续发展。

（三）内贸走势展望

我国国内煤炭贸易的未来走势将在很大程度上受到政策导向的影响。政府为了确保能源安全、优化能源结构和响应环境保护的需求，将继续实施和调整一系列监管措施。

首先，价格机制改革是影响煤炭内贸市场的关键因素。我国政府可能会进一步推动煤炭价格的市场化改革，让市场供求关系在煤炭价格形成中发挥更大的作用。这种改革可能会引入更多的市场竞争机制，减少政府对煤炭价格的直接控制，提高煤炭市场的灵活性和效率。

煤电联动机制也是一个重要的政策工具，旨在调节煤炭与电力市场之间的关联。通过这一机制，电价的调整可以反映煤价的变动，从而对煤炭需求产生影响。这有助于形成稳定的煤炭供需关系，保障电力供应的稳定性，同时也会对煤炭贸易价格产生重要影响。

此外，随着交通运输基础设施的改善，特别是铁路和水运能力的提升，煤炭运输的效率将得到提高，运输成本有望降低。提升运输效率不仅可以降低煤炭企业的物流成本，还能促进煤炭市场的整合，打破地域限制，使得资源配置更加优化。对于内陆地区和沿海地区的煤炭交易市场来说，运输成本的下降将进一步促进煤炭在更广范围内的流通。

同时，我国政府在推动能源生产和消费革命的过程中，正在鼓励使用清洁能源，减少对煤炭的依赖。这将导致煤炭在能源结构中的比重逐步下降，煤炭内贸市场需求可能会出现变化。因此，煤炭生产企业需要适应能源市场的这一趋势，优化产品结构，提高煤炭质量，减少环境污染。

最后，随着数字化和智能化技术的应用，煤炭交易平台和物流系统的智能化水平将提高。通过大数据分析、云计算和物联网等技术，煤炭供应链的管理将变得更加高效和透明，进一步推动煤炭内贸市场的发展。

综合来看，国内煤炭贸易未来将在政府监管、市场改革、运输升级和环保要求等多方面因素的共同作用下，呈现出新的发展趋势和格局。煤炭企业和市场参与者需要不断适应政策环境的变化，提升运营效率，以应对内贸市场的新挑战。

（四）产业结构调整

随着我国经济的持续发展和产业升级的需求，煤炭产业的结构调整成为国家战略的重要一环。政府将采取多项措施来推进这一进程，确保煤炭产业的健康和可持续发展。

首先，政府可能会继续执行关闭小型、安全标准不达标、环境污染严重的煤矿的政策。这些小煤矿因规模小、技术落后、安全措施不完善，造成资源浪费和环境破坏，也是安全事故的高发区。关闭这些矿井，可以有效减少安全隐患，推进产业结构的优化。

其次，推动煤炭行业的兼并重组也是政府调整产业结构的重要措施。通过兼并重组，可以消除行业内部的过剩产能，提高煤炭企业的市场集中度，形成几个大型煤炭企业集团，这将有助于提高资源的整合利用效率，增强市场的定价能力和国际竞争力。

为了促进产业升级，政府还会鼓励煤炭企业增加科技投入，发展现代化矿山，采用新技术、新设备、新工艺，提高自动化和智能化水平。这种转型升级将提高煤炭开采的安全性和效率，减少对环境的影响，同时增加煤炭产品的附加值。

另外，政府还会支持煤炭企业开展清洁煤技术的研发和应用，如提高洗煤率，开发煤化工和煤炭深加工产品，推动煤炭向化工、电力、建材等领域的多元化发展。这也是调整产业结构，推动煤炭产业向高端化发展的重要途径。

环保政策的严格执行也将促进煤炭产业的结构调整。政府将加大环保执法力度，提高排放标准，鼓励煤炭企业采用更为环保的生产方式，减少污染物排放，实现绿色生产。

总之，通过关闭落后产能、推动兼并重组、科技创新、发展清洁能源和执行环保标准等措施，我国政府将推动煤炭产业结构的优化和升级，使其更加适应经济社会发展的新要求，为实现能源生产和消费革命目标奠定坚实基础。这一系列调整不仅能提升煤炭产业自身的竞争力，也有利于保护和改善环境，实现经济社会的可持续发展。

第五章　国际煤炭资源状况研究

第一节　世界煤炭资源大国的资源概况及其管理

煤炭是目前全球储量最为丰富、分布最为广泛且使用最为经济的能源资源之一，全球近 80 个国家拥有煤炭资源，全球聚煤盆地超 2 900 个。截至 2020 年年底，全球已探明的煤炭储量为 1.07 万亿吨。分地区来看，亚太地区储量占比 42.8%，北美地区占比 23.9%，独联体国家占比 17.8%，欧盟地区占比 7.3%，以上 4 个地区储备合计占比超过 90%。

从国家来看，美国是全球煤炭储量最丰富的国家，占全球资源的 23.2%，俄罗斯占比 15.1%，澳大利亚占比 14%，中国占比 13.3%，印度占比 10.3%，以上 5 个国家储量之和占全球总储量的 76%；而印度尼西亚和蒙古国煤炭的探明储量占比仅为 3.2% 和 0.2%。

一、美国：适于炼焦的煤炭资源较为丰富

美国的煤炭资源分布广泛，地区分布比较均衡，全美 50 个州中，有 38 个州赋存煤炭，占国土面积的 13%。美国适于炼焦的煤炭资源较为丰富，约占探明储量的 35%，但低挥发分烟煤储量有限，只占探明储量的 1.1%。

美国主要有三大煤田：阿巴拉契亚煤田、波特河煤田和伊利诺伊煤田。

阿巴拉契亚煤田含煤面积 18 万平方千米，探明储量超过 2 500 亿吨，可采煤层较多且稳定，断层构造比较少，一般埋藏在距地表 300 米以内，可以方便地用露天、平硐或斜井开采。主产煤种中，褐煤占比 0.7%、炼焦煤占比 92%，其余属于无烟煤。煤的灰

分平均为 14%，硫分平均为 1.9%，发热量超过 7 000 大卡每千克。

伊利诺伊煤田面积 12.9 万平方千米，探明储量接近 2 000 亿吨，属于石炭纪煤田，可采煤层约 20 层，但是稳定性较差，厚度变化较大。从煤种分析来看，硫分主要集中在 2%～5%，灰分为 6%～14%，挥发分为 31%～40%，发热量平均达 6 000 大卡/千克。

波特河煤田面积 3.1 万平方千米，探明储量超过 1 200 亿吨，但预计储量高达 7 000 亿吨，成煤年代大概为 3 300 万年前的第三纪和白垩纪。目前，波特河煤田煤层厚度可达 110 米，可采煤层达 20 层以上。从煤种分析来看，煤炭硫分含量 0.5% 左右，南部矿区硫分较低，为 0.2%～0.25%；北部煤炭硫分相对较高，灰分整体低于 10%，发热量平均达 4 800 大卡/千克。

二、俄罗斯：储量较大但分布不平衡

俄罗斯煤炭种类丰富，炼焦煤储量较大，且品种较全，但是最大的问题就是煤炭分布不平衡，3/4 以上分布在俄罗斯的远东地区（亚洲部分），剩下的在欧洲部分。

在远东地区中，煤炭储量最大的三个地区为：萨哈共和国、阿穆尔州以及滨海边疆区。萨哈共和国是远东地区煤炭储量最大的区域，也是炼焦煤储备最大的区域，主产区是埃利吉石煤田、坎加拉瑟褐煤田。阿穆尔州储量排在第二位，大型煤田包括赖奇欣斯克、博古恰内和叶尔科夫齐，其余因地理位置原因，不适合长途运输。滨海边疆区的大型煤田包括比金煤田、巴甫洛夫斯克褐煤田、利波夫齐和伊里乔夫卡煤田，其余多数煤田地质条件复杂，开采的技术要求相对较高。

在欧洲部分中，将近一半的储量在中部的库兹巴斯煤田，其余大部分储量在克拉斯诺亚尔斯克边疆区，且几乎都是褐煤，适于露天开采，此外，还有一部分动力煤分布在科米共和国、罗斯托夫州和伊尔库茨克。整体来看，由于俄罗斯的版图原因，部分经济区需要从其他区域外运煤炭，俄罗斯每年大约有 1/4 的煤炭产量，约 5 000 万吨需要在各地区间相互调配，平均运距达 1 000 公里，最长运距达 3 000 公里。

三、澳大利亚：产量和出口量均位于世界前列

澳大利亚由于其地质结构长期稳定，数亿年来没有强烈的地质运动，有利于矿物的

长期积聚、富集，矿产资源丰富。其煤炭资源极其丰富，煤炭产量和出口量均位于世界前列。澳大利亚煤炭不仅储量大，且煤炭优良，发热量高，硫分、灰分较低。另外，埋藏条件良好，开采难度相对较小，露天矿的开采极限是 120 米，井工矿的开采深度在 150～500 米。据澳大利亚统计局公布的数据显示，近年来澳大利亚处于生产运营中的煤矿共有 76 座，其中黑煤矿 72 座、褐煤矿 4 座，另外还有探明褐煤矿床 300 余座。

从分布地区来看，澳大利亚 95% 以上的黑煤资源都集中在新南威尔士州和昆士兰州，其中新南威尔士州的黑煤储量约占全国总量的 34%，而昆士兰州黑煤储量约占全国总量的 62%，且以露天矿居多。同时，澳大利亚现有的黑煤运营项目（包括原有及新增）也主要集中在以上地区的博文盆地和悉尼盆地。据澳大利亚统计局公布的数据显示，博文盆地煤炭储量为 348.08 亿吨，悉尼盆地储量则为 272.14 亿吨。从煤炭指标来看，发热量 5000～5500 大卡的澳煤灰分为 20%～25%，硫分为 0.4%～0.7%，挥发分为 25%～28%。焦煤方面，灰分含量为 8%～10%，挥发分为 25%～37%，硫分为 0.5%～0.8%。

四、中国：储量丰富煤种齐全

我国煤炭资源储量丰富、分布面积广、煤种齐全，但仍存在资源分布不均匀的情况。北方煤炭资源主要集中在山西、内蒙古、陕西、河南、甘肃和宁夏等省区，上述省区基础储量占全国基础储量的 68% 左右，其中山西省、陕西省、内蒙古自治区的煤炭资源最为丰富，且煤炭一直以来都是山西省的支柱性产业。南方煤炭资源主要集中于贵州省、云南省和四川省，合计占全国基础储量的 7.96%。新疆是中国煤炭远景储量最丰富的地区，目前勘探程度较低，其基础储量占全国的 6.63%。

我国煤炭资源分布呈现"北富南贫、西多东少"的状况，主产地与消费地逆向分布，基本流向呈"北煤南运、西煤东运"的趋势，因此煤炭需要经过长距离运输或多次转运。从主要产煤省的煤炭外运方式来看，山西省、陕西省主要采用铁路直达的方式，而内蒙古地区的煤炭外运以水路为主。河北、河南、山东、安徽等省的煤炭净调入区域，煤炭外运均以铁路直达为主。煤炭省内销售中，山西、陕西、山东等产煤省份主要采用公路运输方式，而内蒙古、河北、河南、安徽等省区综合采用公路、铁路等运输方式。

五、蒙古国：褐煤为主

蒙古国将全国划分为 5 个经济区：中央经济区、山林经济区、戈壁经济区、西部经济区和东部经济区，煤炭资源在 5 个经济区均有分布。其中，中央经济区有 13 个煤矿点，储量占全国比重 16.5%；山林经济区有 13 个煤矿点，储量占比 4.7%；戈壁经济区有 20 个煤矿点，储量占比 30.6%；西部经济区有 23 个煤矿点，储量占比 16.7%；东部经济区有 16 个煤矿点，储量占比达到 31.5%。因此，整体来看，蒙古国煤炭储量主要集中在东部经济区和戈壁经济区。

蒙古国所有的煤炭资源中，褐煤是最主要的资源，主要产地在东部经济区；焦煤次之，主要产地是南部的戈壁经济区。目前，蒙古国大型煤矿有 5 个：巴嘎诺尔煤矿、沙林格尔煤矿、新乌斯煤矿、塔班陶勒盖煤矿和纳林苏海特露天煤矿。

巴嘎诺尔煤矿年生产能力 600 万吨左右，主要为蒙古国中央能源系统下的火力发电厂供应煤炭。从煤炭指标来看，该矿煤炭的灰分为 12%～17%，含水量为 28%～33%，含硫量为 0.3%～0.5%，发热量为 3200～3600 大卡/千克。

沙林格尔煤矿所产原煤的绝大部分用于其国内达尔热汗电厂和额尔登特电厂发电。从煤炭指标来看，该矿煤炭的灰分为 21%～28%，挥发分为 31%～34%，发热量为 4400～4700 大卡/千克。当前该煤矿有一条专属的铁路支线，可以将煤炭通过跨蒙古国铁路运送至俄罗斯和中国。

新乌斯煤矿每年产煤 50 万吨左右，设计生产能力为年产原煤 200 万吨，煤的发热量为 2800～3200 大卡/千克，已探明储量为 20 亿吨。

塔班陶勒盖煤矿属优质炼焦用煤，原煤出焦率 60%以上，是紧缺煤种。初步探明的煤储量约为 64 亿吨，其中主焦煤 18 亿吨、动力煤 46 亿吨。煤质的水分为 0.6%、灰分为 22%、硫分为 0.5%～0.8%、发热量为 5000～5500 大卡/千克，品质较好。主矿区距中国边境约 250 公里，是全球仅存的与中国邻近的大型优质焦煤资源之一，中国进口该矿的主焦煤就是通过嘎顺苏海图口岸—甘其毛都口岸实现的。

纳林苏海特煤矿煤种主要为肥气煤，该矿焦煤资源主要通过策克口岸进入中国。

六、印度尼西亚：多为露天煤矿且开采条件较好

印度尼西亚煤炭探明的储量主要分布在苏门答腊岛的中部和南部以及加里曼丹岛的中部和东南部，矿井数量少，但是产量较大，且主要以出口为目的。煤炭的年份较轻，多为褐煤和次烟煤，其中褐煤占比超过 50%。

印度尼西亚的煤炭几乎都是露天开采，开采条件较好，大部分煤层埋藏较浅。因此，按照印度尼西亚煤炭形成的时间和质量来看，开采的煤炭多用作动力煤，其中主要以发热量低于 6 000 大卡/千克的煤炭为主，发热量超过 7 000 大卡/千克的优质烟煤和焦煤较为匮乏。印度尼西亚虽然缺乏焦煤，但是动力煤质量较好，最大的优点就是灰分和硫分很低，有害空气污染物含量低。用作发电的时候，具有带负荷能力强、粒度均匀、石子煤排量少和可磨性较好等特点，这使得印度尼西亚煤的使用经济性大幅提高，也是其煤炭出口较好的最大原因。印度尼西亚主要有两大煤炭生产企业：布米资源与阿达罗能源。

布米资源是印度尼西亚最大的煤炭生产企业，其合计煤炭储备 2.69 亿吨，潜在储量超过 11 亿吨。生产的煤炭主要用于印度尼西亚国内电厂发电，其次出口至印度、日本和中国。

阿达罗能源是印度尼西亚第二大动力煤生产商，生产的煤炭，由于其污染物含量较低，通常与高灰分和含硫量的煤混合，以降低与灰分处理相关的成本以及硫和一氧化二氮还原装置所需的资金支出。

第二节　世界煤炭资源及其分布规律

世界煤炭资源丰富，分布广泛，是全球最大的能源资源之一。根据地质形成的历史时期以及地理位置不同，煤炭资源的分布和质量具有一定的规律性。

一、世界煤炭储量

　　煤炭储量分布在大小不同的 2 100 个含煤区、含煤盆地、煤田、煤产地，遍布于全世界。根据总的地质储量，含煤盆地和含煤区分为 5 类：大于 5 000 亿吨的；2 000 亿～5 000 亿吨的；5 亿～2 000 亿吨的；小于 5 亿吨的；储量尚未查明的含煤区。上述 2 100 个产煤区中有 7 处属于第一类著名的巨大含煤盆地，如列拉、坦嘎斯卡、天米尔、坎斯科－阿钦斯喀、库兹涅茨克、阿尔塔－阿美卓拉和阿巴拉钦盆地。有 4 个盆地属于第二类，如莱茵－西菲林、顿涅茨克、伯绍拉和伊利诺伊。第三类有 210 个盆地和煤田。绝大多数盆地和煤田（几乎 1 700 个）属于储量少于 5 亿吨这一类。

　　第一次估算的世界煤炭储量是 1913 年在第十二届国际地质会议上提出的。这次是按照最薄可采厚度为 0.3 米和最深到 1 800 米等统一要求进行估算的，总计储量是 7.3 万亿吨。每当发现新的煤田或一些煤田范围扩大时都需要进行重新计算储量。由于对煤层厚度和埋藏深度在计算上的要求都不严格，所以，在各个著作中对世界资源的估算，都不一致的。世界煤炭资源分为以下 4 类：地质储量、局部储量、专用储量、相对储量。地质储量是指根据第十二届国际地质会议的国际标准计算的储量，没有考虑煤炭开采方式。局部储量是指把包括几个国家的属于一个大范围的地质储量总起来计算的储量。这里的计算方法可与国际标准不同。专用储量指的是具有特定用途、经过严格估算和确认的煤炭资源量。这类储量通常针对供气化用的煤、无烟煤、焦煤等专用煤种，其估算过程最为完全且可靠。这些估算是为每一次国际能源会议准备的，而且计算数字仅仅包括可采储量，同时这是由各国根据国际能源会议的要求计算的。这些煤炭储量比那些采用一般的煤炭地质储量计算的数字要严格些（褐煤的最大深度为 500 米，硬煤为 1 200 米）。显然，这样计算的世界煤炭储量有一些减少。相对储量是指取决一些环境因素的地质储量，如由于煤炭与其他燃料或能源的竞争情况发生了变化，对煤炭的用途有了新的评价，又如统一了区域标准或修订了现行规定等。

二、世界煤炭资源分布规律

（一）影响世界煤炭资源分布的因素

1.地质历史因素

煤炭的形成与地球历史上的植被沉积和地质活动密切相关。主要的煤炭储备形成于距今约 3.6 亿至 2.9 亿年前的石炭纪时期，当时地球上植被茂密，死亡的植物在缺氧的环境下被沉积并逐渐形成泥炭，经历长时间的地质作用最终转变为煤炭。因此，古老的地质盆地往往拥有丰富的煤炭资源。

2.地理环境影响

煤炭储量的分布也受到了地理环境的影响。例如，广阔的平原和盆地因为在地质历史时期易于形成大型沉积环境，因此成为煤炭储藏的理想场所。此外，一些古山脉经过长时间的侵蚀和沉积作用，也可能形成丰富的煤炭层。

3.经济发展影响

经济发展水平对煤炭资源的勘探和开发有显著影响。有些国家虽然地下蕴藏着丰富的煤炭资源，但由于缺乏足够的经济实力或技术支持，这些资源可能尚未被充分勘探或开发。相反，经济发达国家则可能拥有更完善的煤炭勘探和开发技术，从而能够更有效地利用其煤炭资源。

4.资源勘探技术

随着地质勘探技术的快速发展，人们对地球深处的认识也越来越深入。尤其是煤炭资源的探测与勘探，已经由过去的直观判断和简单钻探，演变成为一个高科技、多学科交叉的高精尖领域。因此，技术的进步也在不断地改写世界煤炭储量的分布图。

（二）世界煤炭分布规律

1.北半球煤炭储量的集中

全球的煤炭资源分布呈现出明显的北半球集中趋势。以北纬 30 度至北纬 60 度之间的广阔地带尤其突出，这一现象与地质历史时期的气候和植被条件密切相关。在这个范围内，欧亚大陆和北美洲的广大地区由于其广泛的沉积盆地和丰富的植物生长，为煤炭的形成提供了良好的条件。例如，中国北方的华北平原、美国的阿巴拉契亚地区、俄罗斯的西伯利亚以及印度的昌迪加尔等地，在煤炭资源方面各具特色。

在这些区域中，中国因其辽阔的土地和复杂的地质构造，拥有世界上最大的已探明煤炭储量。美国紧随其后，特别是在其东部和中部地区。俄罗斯作为世界上面积最大的国家，其煤炭资源也十分丰富，特别是在西伯利亚地区。印度与澳大利亚虽然位于不同的半球，但这两个国家同样拥有大量的煤炭资源，澳大利亚尤其以出口为主，是世界上主要的煤炭出口国之一。

2. 煤种分布的多样性

煤炭资源的种类繁多，不同的煤种具有不同的热值、灰分、硫分等特性。在世界范围内，褐煤通常是煤化程度较低的煤种，热值相对较低，但它在德国的莱茵兰地区、俄罗斯的西伯利亚地区、美国的蒙大拿州和中国的内蒙古等地储量丰富。这些地区的褐煤多用于发电和供热。

无烟煤，又称硬煤，是煤化程度较高的煤种，热值高且清洁，广泛用于冶金和化工行业。美国的阿巴拉契亚地区是世界著名的优质无烟煤产地，而澳大利亚的新南威尔士州和昆士兰州则因其高质量的煤炭而成为全球重要的煤炭出口基地。中国的山西省则是中国乃至亚洲最大的无烟煤生产基地。

3. 开发程度的不均衡

尽管煤炭资源在全球分布广泛，但各国的开发程度却存在显著差异。中国、美国和印度不仅煤炭资源丰富，而且开发技术先进，煤炭产业链完整，这些国家的煤炭产量长期占据世界前列。这与这些国家的快速工业化进程和对煤炭的重度依赖有直接联系。特别是在电力、钢铁和化工行业，煤炭仍然是重要的能源和原材料。

然而，在非洲和亚洲的一些国家，尽管其地下蕴藏着丰富的煤炭资源，但由于技术设施落后，资金投入不足，以及缺乏有效的政策支持与市场推动，这些国家的煤炭资源开发程度相对滞后。这种不平衡不仅影响了这些国家自身的经济发展，也在一定程度上影响了全球煤炭市场的供需关系。

4. 地理政治因素的影响

地理政治因素在全球煤炭资源的开发与贸易中扮演了不容忽视的角色。国际关系的紧张可能导致资源丰富国家的煤炭出口受限，而内部冲突和政治不稳定则可能导致煤炭生产和运输的中断。例如，某些非洲国家丰富的煤炭资源因为政治动荡和冲突而无法得到有效开发。

此外，国际环境保护政策和应对气候变化的合作协议，如《巴黎协定》，也对煤炭资源的开发和利用提出了新的挑战。越来越多的国家开始限制煤炭的使用并寻求清洁能源替代，这对依赖煤炭出口的国家经济有着深远影响。

在总结上述因素的基础上，可以看出煤炭资源的分布、开发和利用是一个复杂的、多维度交织的全球性问题。未来，随着能源结构的调整和清洁能源技术的发展，世界各国在煤炭资源的开发与利用方面需要寻求平衡，既要满足经济发展的需求，又要应对环境保护的挑战。

第三节　世界主要煤炭资源国煤炭供需形势分析

及行业发展展望

煤炭资源在全球分布广泛，但是资源丰度不均匀。笔者对世界主要的煤炭生产和消费国家进行了煤炭需求、资源保障和供需形势分析，结合相应国家的煤炭在一次性能源中的比重，提出全球煤炭行业未来发展趋势：俄罗斯、澳大利亚煤炭开采价值高，是未来煤炭主要出口国家；印度、日本将成为全球煤炭消费大国，在国际煤炭市场上将与中国竞争进口煤炭；煤炭贸易全球化成为必然趋势。在此基础上，针对我国煤炭资源形势，提出以下建议：调整一次性能源结构，实现能源的多元化配置；适当增加煤炭勘查投入，形成煤炭生产和储量增长同步发展；加强煤炭开采技术研究；提高煤炭利用率，高效地利用煤炭能源；加强与中国周边煤炭资源国合作，降低煤炭进口运输成本。

一、世界煤炭资源供需总体形势分析

1997 年 12 月，149 个国家和地区通过了限制温室气体排放量以抑制全球变暖的《京都议定书》，煤炭消费先后经历了 3 年下降、13 年大幅上涨和 3 年连续下降之后，2017年在发电用煤量驱动下开始回升，主要煤炭消费国经济持续推动世界经济发展；煤炭供需进入基本平衡状态，煤炭贸易继续向亚太地区集中；气候变化制约了世界煤炭消费，但非经济合作发展组织（Organization for Economic Co-operation and Development，以下简称"OECD"）国家应对气候变化的最佳途径是推动煤炭清洁高效开发利用；我国的蓝天保卫战、煤炭供给侧结构性改革等措施，为世界煤炭高质量发展提供了重要借鉴。

（一）煤炭仍将是世界经济发展的主要能源

近年来，亚太是世界经济增长最快的地区，也是世界最主要的煤炭消费地区；今后亚太地区将继续是世界经济增长的主要驱动力。2019 年和 2020 年亚太地区的经济增速均为 5.4%，对全球经济增长的贡献率超过 60%，我国的贡献率超过 30%。

亚太地区国家继续是世界煤炭主要消费国。预计未来一段时间，我国的经济发展仍将主要依靠煤炭，煤炭需求将继续约占世界煤炭需求量的一半。根据国际能源署（International Energy Agency，简称"EIA"）的数据显示，2019 年世界各国 GDP 排名前 20 位的国家中包括中国、日本、印度、韩国、澳大利亚、印度尼西亚 6 个亚太地区的国家，这些国家的煤炭消费占世界煤炭消费的比重合计超过 70%，其人口约占世界人口的 40%。

（二）世界煤炭供需进入基本平衡阶段

今后一段时间，欧美国家煤炭需求的下降将被印度和东南亚国家需求的增加所抵消，世界煤炭需求将保持基本稳定；除北美之外的主要煤炭生产国保持稳定供应，亚太地区供应量有所增加；煤炭供需保持基本平衡状态。

近 20 年来，世界燃煤发电装机量翻了一番，我国和印度煤电装机量约占 60%，两国的煤电保有量将继续保持较大规模和平稳发展态势。印度过去 10 年的煤炭消费量年均增长 6% 以上，发电用煤量继续是其今后煤炭消费的主要驱动力，煤炭消费仍将保持年均约 5% 的增长速度；印度尼西亚、越南和菲律宾等国，未来经济增长将保持在 5%～6% 之间，电力需求和发电用煤量将保持持续增长。煤炭供应降低的国家主要是美国和欧盟国家，其煤炭供应的减少量与印度和我国国内煤炭供应的增加量基本相当。

（三）煤炭贸易日益向亚太区域内贸易集中

随着煤炭需求重心转向亚太地区的非 OECD 国家，煤炭贸易日益向亚太区域集中，亚太地区继续主导世界煤炭市场。

根据相关数据显示，2019 年世界煤炭贸易的增量主要是由印度动力煤需求带动的，其新建电厂开工带动煤炭进口量增长 5.3%，煤炭进口总量达到 2.5 亿吨；印度尼西亚进入煤炭出口历史新高阶段，2019 年煤炭出口量为 4.59 亿吨，同比增长 7%。除我国和印度之外的亚太其他国家煤炭净进口量将有 3%～4%的年平均增长幅度。

（四）气候变化对煤炭消费的制约与要求

为了应对全球气候变化的挑战，建立在《联合国气候变化框架公约》、《京都议定书》和《巴黎协定》基础上的全球气候变化治理体系，不断推动每个国家作出更多的减排努力。

西欧一些国家不仅制订了煤炭产业退出的计划，而且制定越来越严格的环保政策限制其煤炭消费与利用；15 个欧盟成员国明确了逐步退出煤炭的时间表，英国决定在 2025 年前退出燃煤发电；美国因价格低廉的天然气，推动了燃煤发电向天然气发电的转化，降低了煤炭消费。而对非 OECD 国家来说，煤炭是保证经济发展、储量丰富和价格低廉的化石能源，降低煤炭消费比重是一个长期的趋势和任务，推动煤炭清洁高效开发利用是这些国家发展经济、应对气候变化的最佳途径。我国通过大力发展可再生能源、控制化石能源特别是煤炭的消费、优化能源结构等措施，努力兑现对《巴黎协定》的承诺，温室气体排放从快速增长过渡到增速降低，接近进入平台期。

（五）我国助推世界煤炭高质量发展

随着绿色技术和绿色产业的发展，气候变化正由责任分担向机会分享转化，越早进入并发展绿色产业的国家，未来的经济发展越具有可持续性，在全球的竞争力也会更强。我国在煤炭清洁高效开发和利用方面采取的各项政策措施为世界煤炭高质量发展起到很好的示范作用。

我国不仅是世界最大的煤炭生产国和消费国，更是应对气候变化的积极参与者和贡献者。大气污染治理与落实《巴黎协定》加速协同，使改善空气质量和减排温室气体同时实现。在需求侧，我国正在实施的蓝天保卫战要求控制煤炭消费总量，优化煤炭消费结构，提高煤炭消费水平，煤电清洁排放水平位居世界前列，截至 2018 年，全国已有8.1 亿千瓦煤电机组达到超低排放限值要求，占总装机容量的 80%；燃煤电厂实施超低排放和节能技术改造，散煤燃烧采用了"清洁煤＋节能环保炉具"清洁取暖方式。在供给侧，持续推进的煤炭供给侧结构性改革，提高了煤炭行业集中度，在大型煤炭企业带动下，各类煤炭生产企业积极履行社会责任，煤炭清洁开发利用水平得到不断提升。节约高效、环境友好、矿地和谐的绿色发展模式正在形成，为世界煤炭、特别是非 OECD 国家煤炭工业高质量发展提供了可以借鉴的经验和做法。

二、世界主要煤炭资源国家煤炭供需形势分析

（一）中国

中国作为世界上最大的煤炭生产和消费国，其煤炭供需形势对全球煤炭市场和能源结构都有深远的影响。从历史趋势来看，中国的煤炭消费长期以来一直呈现增长态势，但近年来增速有所放缓，部分原因是经济结构的调整和环保政策的加强。

1.供给情况

中国煤炭资源丰富，根据相关统计，中国的煤炭储量位居世界前列，资源分布相对集中在山西、陕西和内蒙古等地。随着勘探技术的提升和开采能力的增强，中国煤炭产能得到了大幅提升。然而，由于煤炭开采对环境的破坏性以及矿工安全问题，中国政府近年来也开始对煤炭产能进行严格的控制，关闭了一批效率低下、污染严重的煤矿，优化了煤炭行业结构。

在技术方面，中国正在推广煤炭清洁高效利用技术，包括提高洗煤率、推广煤炭深加工技术，以及开发煤层气等。这些技术的应用有助于提升煤炭能源的利用率和环保水平。

2.需求情况

中国的煤炭需求主要受其经济发展水平和结构的影响。工业化和城市化的推进，特别是重工业和电力产业的快速发展，是推动煤炭需求增长的主要因素。中国约有 60% 的电力来自煤炭发电，尽管非化石能源比重逐年提高，但短期内煤炭仍为中国电力的主要来源。

在政策层面，中国为了应对环境污染和气候变化，已经开始调整能源结构，降低煤炭在能源消费中的比例。政府推动节能减排，鼓励发展风能、太阳能等可再生能源，同时也增加了对天然气、核能的投资。

（二）美国

美国作为全球重要的煤炭生产和消费国，在世界煤炭市场中扮演着关键角色。起初，煤炭是美国能源结构的重要组成部分，尤其是在电力行业。但随着近年来美国能源政策的转变和市场动态的改变，煤炭在美国的能源结构中的比重正在逐步下降。

1.供给情况

美国拥有世界上最丰富的煤炭储量，尤其是位于阿巴拉契亚山脉、伊利诺伊盆地等地的储量。然而，尽管煤炭资源丰富，但美国煤炭产业在21世纪初期以来迎来了多重挑战，包括环保法规的加强、天然气和可再生能源竞争力的提升，以及煤炭开采成本的上升。

美国煤炭产量从2010年左右出现下降趋势。尽管如此，美国的煤炭产业仍然具备较强的出口能力，美国煤炭在国际市场上主要出口至欧洲、亚洲等地区。

2.需求情况

美国的煤炭需求近年来大幅减少，这与美国内部天然气的大量开采以及价格下降有很大关系。由于水力压裂等技术的应用，天然气作为一种更清洁的化石燃料，在电力生产中逐渐取代了煤炭的地位。此外，太阳能和风能等可再生能源的成本不断下降，也在电力市场中占据了更多份额，进一步挤压了煤炭的市场空间。

美国能源政策也对煤炭需求产生了影响。

（三）俄罗斯

俄罗斯是全球主要的煤炭出口国之一，同时也是煤炭的主要生产国和消费国。煤炭在俄罗斯能源结构中占有重要位置，尤其是在其国内发电和供暖以及钢铁生产等重工业中发挥着核心作用。以下是对俄罗斯煤炭供需形势的分析：

1.供给情况

俄罗斯拥有丰富的煤炭资源，使俄罗斯在全球煤炭供应方面具有重要地位。俄罗斯的煤炭产业具有较低的开采成本，尤其是在西伯利亚地区，这一优势使得俄罗斯煤炭在国际市场上具有竞争力。

煤炭产业在俄罗斯经济中扮演着重要角色，不仅因为它是重要的能源产品，同时也是俄罗斯的主要出口商品之一。近年来，俄罗斯政府也在积极推动煤炭产业的现代化和生产效率的提升。

2.需求情况

俄罗斯国内对煤炭的需求稳定在一个相对较高的水平。煤炭是俄罗斯主要的能源之一，特别是在偏远地区和那些不便于使用天然气的地方。此外，煤炭在俄罗斯的热电站和一些工业领域仍然是重要的燃料来源。

然而，俄罗斯国内的能源结构也在逐步发生变化，天然气和石油的使用在增加，可再生能源虽然起步晚，但也在逐步发展。这些变化可能会对未来的煤炭需求产生影响。

3.出口情况

由于俄罗斯国内需求的稳定和产能的增加，俄罗斯煤炭的出口量在过去的几年中有所增长。俄罗斯的煤炭主要出口到欧洲、亚洲国家，尤其是中国、韩国和日本。此外，俄罗斯也在拓展其他地区的出口市场。

（四）澳大利亚

澳大利亚也是全球主要的煤炭出口国之一，具有丰富的煤炭资源和发达的煤炭产业。煤炭在澳大利亚的经济中占据了重要的地位，尤其是在出口贸易中。澳大利亚的煤炭产业主要集中在昆士兰州和新南威尔士州。以下是对澳大利亚煤炭供需形势的分析：

1.供给情况

澳大利亚的煤炭资源主要是位于东部的盆地，如鲍恩盆地和盖尔德纳盆地。这些地区的开采技术成熟，生产效率高，且煤炭质量优良，尤其是炼焦煤，对全球钢铁产业尤为重要。

随着国际市场对澳大利亚煤炭需求的增加，澳大利亚煤炭行业也在不断扩大生产能力。澳大利亚政府和煤炭行业投资了大量的基础设施，包括铁路、港口和矿场的扩建，以支持煤炭产业的增长。

2.需求情况

在澳大利亚国内，煤炭需求主要来自发电和一些工业工程，但随着可再生能源的增长和气候变化政策的影响，澳大利亚国内对煤炭的需求有减少的趋势。

国际需求则是澳大利亚煤炭产业的主要驱动力，特别是来自亚洲的需求，如中国、印度、日本和韩国等。这些国家的工业化和城市化进程对能源的需求，尤其是高质量的炼焦煤需求持续增长。

3.出口情况

澳大利亚的煤炭出口量占全球贸易的比例很高,煤炭是澳大利亚最重要的出口商品之一。由于澳大利亚煤炭的质量高,特别是炼焦煤,因此在国际市场上非常有竞争力。

(五)印度

印度是世界上主要的煤炭消费国之一,且对煤炭的依赖程度很高。随着经济的快速发展,印度对煤炭的需求在过去几十年中显著增长。以下是对印度煤炭供需形势的详细分析:

1.供给情况

印度的煤炭主要由国有企业以及一些私营企业提供。印度煤炭有限公司是世界上最大的煤炭生产公司之一,占据了印度煤炭生产的大部分份额。

印度的煤炭储量在全球排名前列。然而,由于技术限制和地理位置的约束,印度的煤炭开采效率较低。许多矿区开采条件艰苦,基础设施不足,这些因素导致了煤炭供应的不稳定性。

2.需求情况

煤炭是印度能源消费的主体,特别是在电力行业。印度约70%的电力来自煤炭发电。随着印度经济的增长,对电力的需求不断上升,对煤炭的需求也随之增加。

除了发电外,煤炭在印度的钢铁、水泥和其他重工业中也是关键能源。印度的制造业增长对煤炭的需求起到了推动作用。

3.进口依赖

尽管印度是煤炭资源丰富的国家,但由于国内煤炭质量的问题,如较高的灰分和较低的热值,印度依然需要进口高质量的煤炭,特别是用于钢铁生产的炼焦煤。印度主要从印度尼西亚、澳大利亚和南非等国进口煤炭。

(六)南非

南非是一个煤炭资源丰富的国家,煤炭产业在其经济发展中扮演着重要角色。它不仅满足南非国内的能源需求,还是南非重要的出口商品。以下是对南非煤炭供需情况的分析:

1.供给情况

南非是世界上第七大煤炭生产国，它的煤炭资源集中在姆普马兰加省。该国拥有大量的煤炭储备，据估计，其可回收的煤炭储量为 300 亿吨，足够支持几十年的开采。南非的煤炭行业由多家大型煤炭公司主导。

南非的煤炭除了满足其国内的需求外，大部分用于出口，是世界上主要的煤炭出口国之一。它的主要出口市场包括印度、中国、欧洲和其他非洲国家。

2.需求情况

南非国内的煤炭需求主要来自电力生产。此外，煤炭也被用于工业生产，如合成燃料和化工产品生产。

南非的能源行业面临诸多挑战，特别是电力公司因资金短缺、基础设施老化和运营不善而陷入困境，这影响了煤炭的国内需求。此外，随着国际对于环境和气候变化的关注增加，南非的煤炭产业也面临来自可再生能源的竞争压力。

（七）哥伦比亚

1.供给情况

哥伦比亚的煤炭资源较为丰富，且拥有大量高品质的烟煤储备。哥伦比亚的煤炭产量较为稳定，且大部分用于出口。

由于地理位置的优势，哥伦比亚的煤炭主要出口到欧洲、美洲和亚洲市场。近年来，由于国际煤价波动以及竞争国家的供应增加，哥伦比亚的煤炭出口面临压力，但出口量依然保持在较高水平。

2.需求情况

国内方面，哥伦比亚的煤炭主要用于发电和工业生产。国家电网大量依赖煤炭发电，尽管哥伦比亚也在尝试发展水力发电和其他可再生能源，但煤炭仍然是其电力生产的主要能源之一。

然而，哥伦比亚国内对于煤炭的需求远低于其生产量，因此煤炭产业主要以出口为导向。与此同时，全球对清洁能源的追求导致哥伦比亚煤炭出口市场的需求面临不确定性。

三、世界主要煤炭资源国家行业发展展望

首先，俄罗斯、澳大利亚煤炭开采价值高，是未来煤炭主要出口国家。俄罗斯、澳大利亚煤炭储量丰富，本国需求量低，煤炭类型全，热值高，煤炭开采价值高。俄罗斯政府鼓励外国在其国内开采煤炭，优惠的国家政策和良好的煤炭资源为俄罗斯煤炭行业的发展提供了平台。澳大利亚发达的港口运载能力也成为煤炭出口的便利条件。因此，加速发展俄罗斯和澳大利亚煤炭行业是解决全球煤炭资源危机的重要手段。

其次，印度、日本继续保持煤炭消费大国的态势，在国际煤炭市场上与中国竞争进口煤炭。印度是人口、国土大国，近几年其经济的飞速发展，必然需要强大的能源作为支撑，作为发展中国家，煤炭是其主要的能源来源。日本随着核电站的关闭，其部分需求将转嫁于煤炭。

最后，煤炭贸易全球化成为必然趋势。随着全球化进程的加速，各国之间的经济联系日益紧密，煤炭作为重要的能源资源，其国际贸易量也随之增长。全球化使得煤炭资源可以在全球范围内进行优化配置，满足各国对能源的需求。

第六章　煤炭物流管理概述

第一节　煤炭物流管理的基本概述

一、煤炭物流的概念和特点

（一）煤炭物流概念

煤炭物流是在煤炭产业中引入物流这一概念，围绕煤炭产品展开的相关研究。煤炭物流是一种服务，而不是简单的劳动，该服务以满足客户需求为目标，整个服务过程主要包括信息集成、煤炭运输、储存、搬运、加工及安全几个部分。从广义上讲，煤炭物流主要包括原煤开采、洗选配、仓储、运输、销售和废弃物回收等环节；从狭义上讲，煤炭物流是指以原煤开采为起点，经过物流过程的各个环节，最后将产品交给终端用户而终止的流通活动，即描述了煤炭产品从煤炭企业到最终用户的实体流动过程。

据此，煤炭物流可定义为了满足客户的要求，利用物流信息技术和设备，将煤炭产品从供应地准确无误地运送到需求地的整个过程所发生的物流活动。其中包括对煤炭产品的开采、加工、仓储、配送、运输等多项活动以及与各种活动相关的信息的汇集、处理。煤炭物流流程图如图 6-1 所示。

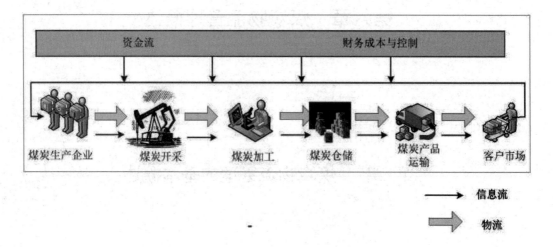

图 6-1 煤炭物流流程图

（二）煤炭物流的特点

我国煤炭物流受到经济水平、地理限制和区域发展等多重因素影响，具有以下特点：

1.煤炭物流距离远，供应链上下游企业分散

我国煤炭资源的产销地分布范围较广，从煤炭资源的总体分布上看，煤炭主要集中在西、北地区，除了西、北地区自身煤炭的消费之外，中东部地区是煤炭的主要消费地，要满足这些地区的煤炭需求，煤炭企业需要通过公路、铁路等运输方式联合运输，将煤炭运往消费地。然而，由于煤炭生产地与消费地之间的距离较远，提高了煤炭物流成本，地理因素长期限制着煤炭资源的有效利用，制约着我国煤炭行业的发展。煤炭资源的广泛分布，导致了煤炭生产企业的分散，从煤炭供应商到煤炭最终的需求方，整条煤炭供应链的分散性也就显而易见；煤炭物流的远距离运输以及煤炭供应链上下游企业的分散增加了我国煤炭物流的复杂性。

2.煤炭运输包装简易

煤炭的包装要求不高，主要采取散装运输。但随着人们对环境保护意识的不断提高，一般采取篷布进行简易包装或者利用封闭厢式公路运输车辆进行运输。传统运输车辆一般为敞开式货车，其超载现象比较普遍，容易造成交通事故，并且对公路、桥梁的损害较大。封闭厢式车辆的车型是按照国家标准设计的，通常不存在超载现象，这样不仅提高了交通安全性，而且也保护了路面设施，有利于运输业的健康发展。对于煤炭的运输，封闭厢式车辆还能减少煤尘飞扬和煤块撒落，可以减少煤炭损耗，减少空气污染，提高

运输质量。

3.受政府政策影响较大

在煤炭企业供应链系统中，国有企业在煤炭生产、运输以及煤炭消费等方面都占有较大的比重，煤炭的销量影响国家能源保障和国民经济的发展，煤炭资源的安全生产、绿色开采和高效利用关乎人民生命财产安全、健康的生活环境以及煤炭资源的可持续发展。因此，相关政府部门对煤炭的开采、运输、消费、储存、定价等环节都发挥着宏观管理和调控的作用，相关政策对煤炭物流活动的进行有举足轻重的影响。

二、煤炭企业物流管理分析

物流作为"第三利润源"，在降低成本、提高效益、增强企业市场竞争力方面起到极其重要的作用，是当前企业"最重要的竞争领域"。物流贯穿于煤炭企业生产和经营的全过程，物流环节的任何改善都会对企业管理水平的提高起到促进作用。煤炭企业只有不断加强物流管理，才能不断提高市场竞争力。

（一）煤炭企业物流管理的现状及分析

我国煤炭企业所属物流公司大多在进行煤炭贸易的同时，提供煤炭运输服务和配煤等加工服务，主要盈利点依赖于煤炭贸易，采用的是服务层次较低的运营模式。近几年来，随着煤价的不断走低，煤炭流通环节利润空间缩减，大量煤炭流通企业出现经营困难局面。一方面，数量众多的小企业业务重心仅集中在煤炭贸易和落实铁路计划层面，主要通过传统的煤炭贸易价差来获取利润，业务经营和管理粗放，技术简单落后，造成整个流通环节信息滞后，浪费严重，煤炭流通效率低下，并给环境带来严重污染。另一方面，也有少数第三方物流企业通过创新供应链模式，运用供应链管理、信息技术和电子商务，优化煤炭供应链各环节的专业服务能力，对上下游企业进行物流一体化整合，为客户提供集约、高效、环保的煤炭供应链管理服务。主要表现在以下几个方面：

1.煤炭产供需企业均缺乏"第三利润源"的理念

煤炭企业竞争的焦点依然放在生产领域，或千方百计地降低物质消耗，挖掘"第一利润源"，或千方百计地提高劳动生产率，获取更高的利润。对非生产领域，如煤炭采购、运输、储存、流通加工、分销、售后服务等物资流通活动以及有关的信息活动重视不够。企业普遍缺乏现代物流是"第三利润源"的理念，受"大而全""小而全"的观念影响，很多煤炭生产、消费或流通企业既怕失去对煤炭采购和销售的控制权，又怕额外利润被别人赚取，因此，都自建物流系统，不愿向外寻求专业物流服务。没有将煤炭物流看成优化生产过程、强化市场经营的关键，而将煤炭物流活动置于附属地位，将仓储、运输、装卸搬运、采购、包装、配送等物流活动分散在不同部门，没有纳入对煤炭物流进行统一规划和统一运作与管理的框架内。

2.大多数企业物流管理方式粗放，物流费用居高不下

目前，我国煤炭物流配送体系总体上仍处于粗放型发展阶段。煤炭企业物流配送的一个重要特点是临时计划多、应急用料多。物流管理方式粗放，诸如对配送资源的整合力度不够，路线规划不尽科学，车辆配载不够合理，配送车辆实行台班制管理等，加上煤炭物流市场较为混乱，不仅造成了管理上的漏洞，如多次物流、颠倒物流、重复物流等，还导致了煤炭物流费用居高不下。

3.企业物流装备水平较低，煤炭物流技术手段落后

煤炭物流企业技术水平普遍较低，很多企业虽然配备了电脑和网络，但物流信息系统建设滞后或建而不用，在库存管理、流通加工、物流信息服务、物流成本控制、物流方案设计和全程物流服务等高层次的物流服务方面基本还没有展开，无法实现装卸、搬运、换装、承接等物流信息的即时传递与处理。

4.物流环保观念淡薄，污染和耗损问题较为突出

我国大多数煤炭企业目前仍采用高污染、高损耗、低效率的传统物流运营方式，使煤炭在运输、中转和配送过程中产生严重的环境污染、资源浪费和煤质下降等问题，不仅影响着企业的经济效益，对社会资源和自然环境也产生严重的影响。

（二）煤炭企业物流管理现实的困境与问题分析

1.内部物流管理体制改革滞后，缺乏原动力

虽然有些煤炭企业特别是一些大型煤业集团，建立了一整套科学有效的管理办法，建立了"集中采购、统一结算、直达配送"的物流运作模式，但是，受传统计划经济体制的影响，我国相当多煤炭企业仍然保留着"大而全"或者"小而全"的经营组织方式。从原材料采购到产品销售过程中的一系列物流活动主要依靠企业内部组织的自我服务完成，物流活动还没有成为企业管理者关注的重点，企业缺乏提高物流效率、降低物流成本的内在动力和手段。近年来，全国煤炭发送总量增长很快，但由于物流部门之间、地区之间存在着壁垒，再加上缺乏全国性的交通运输、仓储管理、信息网络等总体规划，这使得国家未能有效地对煤炭物流产业进行宏观布局，计划经济体制下形成的条块分割、部门分割、地区分割的状态依然存在。煤炭物流业管理权限被分成若干个部门，部门之间分工又有交叉，造成煤炭物流管理条块分割、重复建设现象严重。

2.物流管理不规范，缺乏科学性

由于新老体制的更替，很多煤炭企业供应计划与生产计划、销售计划脱节，可靠性降低；物资采购手段、方法落后，缺乏规范化；库存管理方面仍采用传统的储备资金管理办法，无法及时、准确地反映实际库存动态等。从煤炭企业内部信息传递和处理技术来看，对于物流系统合理化的要求有较大差距，制约了物流管理水平的提高。此外，采购行为不规范，层层设库，使材料积压现象大量存在。由多种原因造成的材料及产品多次中转运输，使许多煤炭企业额外支出了大量的运费。

3.物流体系不配套，整体效益不佳

绝大多数煤炭企业在品质要素方面有较好的基础，如在物资保管保养、回收复用方面已取得了许多成功的经验和效果，但在仓库布局、物资存放、装卸搬运环节等方面存在许多不合理、不配套的现象。同时，传统仓储管理的落后方式短时间内不易撼动，为现代物流管理手段的引进设置了障碍。企业内部的采购、仓储和配送职能未能进行充分整合，无法实行一体化的内部供应链管理，最终导致煤炭企业内部物流系统整体效益不佳。

4.物流信息化程度偏低，手段还很落后

大多数煤炭企业物流缺乏相应的信息交换平台，信息技术管理水平和手段还比较落后。一方面，一些企业主要考虑到对原有的管理模式的转换，对设备、人员培训的再投入较高，产生被动应用计算机管理物资的状况；另一方面，在解决库存管理问题的过程中，许多煤炭企业尽管已开发了不少先进的物流管理系统，而由于对内部物流管理结构掌握不准确，业务流程不够优化，项目成功的不多。

5.成本核算欠标准，物流效益难体现

物流冰山说理论指明，企业财务统计数据中，只能看到支付给企业外部运输的委托物流费用，而实际上这些委托物流费用在整个物流费用中犹如冰山一角，真正的大头是潜藏在海水中的冰山主体，即企业内部发生的物流费用。例如，物流基础设施的折旧费、

企业利用自己的车辆运输与配送、利用自己的库房保管货物、由自己的人进行装卸等费用都计入了原材料、生产成本、管理费用和销售费用等科目。目前，工业企业成本核算体系中，没有把物流成本明确地列出来，也没有正规的专门负责物流成本核算的会计人员和机构，计算方法不标准，因而物流管理效益难以体现。

6.物流管理人才匮乏，发展缺后劲

企业物流人才缺乏，愿意到煤炭企业来工作的物流人才更是凤毛麟角。目前培养的物流人才不仅数量不够，而且结构单一，缺乏面向煤炭企业物流领域，熟悉煤炭行业，通晓企业管理、物流管理、信息技术和电子商务的复合型人才。

（三）煤炭企业强化物流管理的对策思路

1.引入现代物流理念，树立服务质量思想

作为企业的"第三利润源"，高效的物流管理不仅是提高客户服务质量、增强企业及产品竞争力的手段，还是企业降低成本、提高效益、取得竞争优势的重要渠道。煤炭企业应当树立现代物流管理思想，把物流运作为企业经营管理的重要组成部分进行研究，改变过去重生产营销、轻物流管理的倾向，从供应链的视角构建现代煤炭物流体系，增强客户服务和市场竞争能力。现代物流管理理论指出，物流服务是企业产品的重要组成部分，必须树立以客户为中心的服务理念。因此，煤炭物流企业必须把握客户需求的内容和特征，将物流服务融入企业的物流系统当中去，无论是在服务能力上，还是在服务质量上都要以客户满意为目的。

2.加快物流体制改革，加强产业资源整合

推进煤炭产运销体制改革，加快煤炭企业横向重组，是当前的重中之重。发挥市场在资源配置中的基础性作用，消除部门分割、地区分割以及物流市场的不统一，减少市场进入的壁垒；完善铁路煤运管理体制，组成铁路部门集路、站、运、港统筹一体的协调格局，实现各运输环节的高效衔接；鼓励煤炭物流企业按照现代物流管理模式进行调整和重组，展开竞争，提高整个物流系统效率。

鼓励以现有大型煤炭企业为核心，打破地域、行业和所有制界限，以资源、资产为纽带，通过强强联合和兼并，重组中小型煤矿，发展大型煤炭企业集团，以在更大范围内实现生产要素的优化、重组和资源的合理配置，并实现规模经济。除了整合矿产资源、人力资源外，还需要从供应链层面整合物流资源，积极推动物流向社会化和物流一体化发展。

3.强化供应链管理，提高组织化程度

作为煤炭企业，供应链物流管理在整个经营活动中非常重要，全球统筹的管理理念在其中发挥的作用越来越明晰。煤炭作为大宗的原材料产品，其物流成本在总成本中所占的比重是相当惊人的，节约物流成本直接关系到企业的利润。煤炭的运输一直以来就是瓶颈问题，无论市场情况是畅销还是滞销，能不能保持合理、畅通的物流运输都至关重要。汽车运输费用高且运输量较小，铁路运输较迅捷、经济，但受大环境影响较大，单个企业没有较强的主动性，不易掌控。煤炭的下游企业主要是电厂、钢厂等，产品主要用于炼钢和发电供暖等。如果建立自己的坑口电厂，自己消化部分煤炭，直接向外输送电能、热能，这样既省去了中间的运输环节，大大节约了物流成本，也实现了增值；还有就是建立洗煤厂把原煤洗成精煤，增加产品附加值，提高单位产品价值，同样的运输费用但运送的产品价值却不一样，变相地降低了单位产品的物流成本。所以，从某种意义上这应该是一种销售上的延迟，通过这种经营策略给企业注入了活力，增强了企业的竞争力，提高了企业的市场地位。

提高物流管理的组织化程度，在物流活动优化重组中，煤炭企业应成立专门的物流管理机构，在高度集成的信息系统的支撑下，将采购供应环节、生产环节、销售环节的物流职能集成，对企业内部供应链物流一体化，实施具体的规划设计、组织、控制和管理，从根本上改变传统物流运作模式，缩短整体供应链中的物流沉淀，加速物流周转，减少不必要的存货风险。在企业外部，按照市场化的要求，采取强强联合、求同存异、优势互补等多种方式，加快区域化物流配送基地、物流中心、配送中心的建设，形成供应链联盟，提高物流管理的组织化程度。

4.组建物流经营公司，独立运营物流业务

鉴于我国物流市场还很不成熟、很不规范的现状，煤炭企业特别是大型煤业集团可以采取介于自营和外包之间的办法。将企业现有物流服务资产和人员分离出去，成立独立核算的物流中心或物流事业部，或按照现代企业制度组建独立的物流经营公司。新公司为企业自己的物流业务提供服务的同时在市场上揽业务，以进一步提高服务能力利用率。

将弱势业务外包出去，集中精力做好自己的核心业务。据统计，煤炭企业有80%以上的原材料和成品的物流服务是由企业自我服务系统和供应商承担的。随着社会生产分工细化，许多企业开始注重物流业务外包，从长远的观点来看，煤炭企业应改变原来的经营模式，将所有与运输有关的业务剥离出来，外包给第三方物流企业，而把精力集中

到自己的核心业务上。

5.加快信息系统网络化建设，实现物流信息化

物流的管理效率体现在对信息的采集、传递、处理加工过程中。煤炭企业要依托企业资源管理系统平台，建立与现代物流发展相配套的物流信息系统与网上交易系统，并与遍布全国乃至全球的采购网和客户服务网对接，建立功能齐全、资源共享、服务便捷的物流服务网络，以客户订单信息流带动配送物流的实现。借助于准确的信息传递，将传统的、粗放式的物流配送形式，上升为"门到门""库到库"甚至"线到线"的精细物流，实现物流信息化。

6.建立和完善物流成本指标考核体系，科学合理地降低物流成本

物流成本是进行物流管理、使物流合理化的基础，生产设备自动化程度越来越高，压缩煤炭生产过程中成本的空间越来越小，而降低材料成本、采购成本以及运输、仓储、装卸、库房管理费用等物流成本的潜力巨大。因此，煤炭企业应建立相应的物流费用会计核算机构，选择正确的核算方法，了解煤炭企业物流成本结构，制订物流活动计划进行调控，正确计算反映物流成本，并评估物流部门对煤炭企业效益的贡献程度，注重物流成本效益，科学合理地降低物流成本。

7.进行科学的采购分析，加强库存控制

采购分析需要考虑的基本信息包括所采购物料的成本分析、交货时间和地点、交易的付款期限等。在采购分析时，首先，根据企业生产需要，通过参考过去"一定时间内"物料使用量的平均值和变化幅度，确定未来的需求计划。其次，需要考察供应商的历史供货情况，即"一定时间内"供货数量的平均值和变化幅度，制定合理的储备量。物流部门要结合以上两个方面，计算出比较合理的交货周期和经济订购批量。

8.加快物流配送网络建设，形成高效配送体系

加快区域化物流中心、配送中心的建设，建立与形成快速、准确、高效的物流配送机制，充分利用已有的运力和仓储资源，选点设立配送、分拨中心，搞好煤炭集团内部物资的直达配送。

9.加快物流人才的培训和培养，保证发展动力可持续

现代物流管理对物流人才的培养和物流从业人员的知识及技能水平提出了较高要求。煤炭企业物流管理人员特别是管理者要在掌握物流信息技术知识与技能、明确煤炭企业各物流环节基本目标的基础上，科学地探索煤炭企业内部的物流模式。为此，要加

快物流专业人才队伍的建设，加大人力资源开发力度，通过多种形式和途径，如开展与科研院所、大专院校合作等，做好煤炭企业现代物流专业人才的引进和培养工作。

总之，随着我国经济步入新常态，经济建设取得了举世瞩目的发展成果的同时，国家各项经济活动也有序地展开，对各种资源的需求和利用也将越来越大。随着煤炭产业经济的快速发展，煤炭物流运输也必将能够得到相应的发展。煤炭资源作为我国的一种极其重要的战略矿产资源，必将为我国的各项经济建设，提供重要的动力和能源支撑。

第二节　我国煤炭物流的发展现状和趋势分析

日益频繁的社会经济行为增加了对煤炭的需求。煤炭是我国重要的动力能源，多产于山西省、陕西省、内蒙古自治区等北方地区，而煤炭需求集中在华东和华南地区。煤炭从矿井开采出成品或半成品，然后通过物流运输送至客户所在地的过程形成了煤炭供应链网络。我国的煤炭供需地域为逆向分布，煤炭物流运输呈"西煤东运"和"北煤南运"状态。煤炭物流在促进社会经济发展中发挥着重要作用。在低碳环保背景和供给侧结构性改革的驱动下，只有选择高效的供应链，加快煤矿智能化基础设施建设，完善煤炭物流运输生态智能化体系，才能加快煤矿绿色发展，提高煤矿的产能效率。因此，有必要完善煤炭物流机制，促进产业与物流业联动发展，加快新一代信息化建设，确保煤炭供应水平。

一、我国煤炭物流的发展现状

煤炭物流体系由四部分组成，分别是煤炭生产物流环节、产品经营物流环节、中间销售物流环节、废弃物回收物流环节，主要由煤炭的开采、仓储、装卸、清洁、运输等过程组成。

（一）我国煤炭运输方式

我国煤炭运输工具主要有铁路、公路和船舶，其中铁路煤炭运输量增长较快。数据显示，2021年煤炭铁路货运量超过25.8亿吨，比2020年增加2.2亿多吨，增长8.9%。目前，我国已形成朔黄线、侯月线、蒙化铁路、陕北煤运等5亿吨煤炭运输线路。第二大运输方式为水路运输，具有明显的成本优势，通过水运方式向各地输送煤炭的需求量一直平稳增长，2020年全国沿海各大城市港口总吞量为21亿吨，创历史新高，平均年增速达到3.4%。第三种运输方式是公路运输，公路货运的协调性和即时性具有优势，是铁路、水路煤炭运输的有效补充。

（二）我国煤炭物流公司的主要业务模式

煤炭运输、仓储、加工中介等是煤炭贸易的主要工作，也是当前我国煤炭物流企业的主要经营模式，公司创收的关键是煤炭运输的规划和实施。部分企业逐渐转型为煤炭综合物流服务商，同时也提供煤炭加工、煤炭运输、煤炭交易信息、资金流等专业的服务。现阶段，我国煤炭物流领域存在恶意竞争。一方面，铁路线路运力紧张，在这一程度上阻碍了煤炭供应；另一方面，煤炭物流企业"多而未精"，存在不规范现象，一定程度上增加了交易成本。

二、煤炭物流与煤炭供应链发展的关键问题

（一）企业环保、低碳运输意识淡薄，现代物流管理模式缺乏

现阶段，我国一些煤炭企业没有专业的物流服务项目，没有庞大的物流网络和现代物流运营体系标准，物流效率低，限制了煤炭物流的发展。虽然部分煤炭物流企业意识到了低碳环保物流是市场发展的方向，由于缺乏先进物流管理模式，煤炭物流未得到充分重视，管理力度不强，无法从物流环节给企业带来更多经济收益。

（二）物流管理方式不严，作业效率不高，运输成本高

物流企业的管理对煤炭物流的发展有着非常重要的影响。物流系统管理取决于物流运营中关键决策过程的有效性，包括物流设施的位置和布局、物流网络规划、运输调度、

车辆路线和绩效评估。我国煤炭物流处于发展阶段，煤炭物流管理手段不够。煤炭物流行业管理模式相对粗放，没有形成良好的煤炭物流市场管理体系，专业化程度低，经营管理效率低。煤炭物流尚未发展成为煤炭供应链，企业没有进行足够的配送资源整合，路线规划不合理，配送车辆管理无序，没有优化生产流程，未能加强营销全链条发展，物流管理存在多重物流、重复物流、逆向物流等诸多空白和短板，直接导致运营效率低，煤炭物流成本高。煤炭运输成本的不合理升高，导致煤炭销售价格也随之升高。数据显示，物流成本已占煤炭总成本的 1/3，部分地区甚至达到 50%；煤炭企业物流成本率平均为 18.6%，高于行业平均水平 6%～10%。

（三）煤炭物流企业信息化水平低，服务水平不高

煤炭物流企业一般由仓储物流企业转型而来，虽然很多企业都配备了计算机和网络，但由于缺乏有效的决策方法和专业的物流人才，没有采用标准化的采购手段，导致物资和采购方式落后。

一方面，煤炭物流企业在实际管理过程中主要依靠经验或简单计算，标准化程度低，缺少基础数据，库存管理仍采用传统的储备管理方式，存在物流信息系统建设缓慢、管理者对信息技术缺乏全面了解，库存管理方式也过时，无法实时掌握实际库存。内部信息传递不准确，信息水平低，流通不畅最终导致库存积压。

另一方面，煤炭企业物流配送规划不合理，供、产、销脱节。企业在资源合理分配、运输路线合理设计和运输方式等方面有很多需要完善的地方，从而影响物流整体效率。

（四）各种煤炭运输方式的组织性不强

煤炭物流运输具有中间路线多、路线长、种类多、多式联运的特点，中转站的建立和发展对于煤炭物流运输效率有重要作用。在煤炭物流运输中，各种运输方式的标准不够统一，缺乏相互兼容，多式联运存在诸多局限性，在一定程度上影响了多式联运的载重水平和仓储空间的利用率。以我国境内比较大的港口为例，一般是煤炭先通过铁路运输到港口所在地区，然后再倒装通过汽车运输到港口码头，最后用抓斗装船，这一系列过程不仅会造成不可避免的损耗，对所经过的区域周围环境也会产生一定污染危害。针对这一问题，如何运用多式联运方式，使各种运输方式与煤炭物流相关的组织有效衔接，是企业在进行低碳环保物流需要考虑和解决的问题之一。

（五）严重的污染和损失问题

煤炭运输存在运输距离长、运输量大的问题，物流运输过程中的污染和损失十分严重，与现代社会发展所提倡的节能减排、环境保护的发展理念背道而驰。高污染、高损耗、低效率的煤炭物流方式，导致严重的污染和资源浪费，严重影响社会经济效益，也导致社会资源浪费。目前，我国不少煤炭企业仍采用传统的煤炭运输方式。以铁路运输为例，运煤列车通常由吊厢组成，严重污染沿线环境。据统计，煤炭在运输过程中损失高达6%。煤炭储运过程中产生的有毒气体、粉尘等污染物占环境污染主要因素的2%以上。可见，煤炭物流造成的污染和破坏是巨大的，煤炭需要清洁高效地开采、运输和消费。

三、低碳背景下加强煤炭供应链管理的对策

（一）加强煤炭物流设施建设及配套建设

物流中心的选址和建设，以及仓储设施和交通设施的选择，对能源消耗和碳排放的影响显著。物流中心选址要科学合理，如在煤炭外运主干线的主要枢纽建设物流中心，可降低物流运输成本，节省时间。煤炭仓储基地建设要加强规划管理、统筹铁路、港口和储运基地建设，确保煤炭储运基地项目与铁路、港口同步建设同步运营。火车站和港口之间的连接实现无缝对接。要优化资源配置，积极引导社会资本以多种形式参与铁路、港口和煤炭储运基地建设，以市场为导向，服务全国，辐射周边的煤炭储配基地。

（二）建立产业上下游联盟，实现绿色发展

为提高库存周转率，煤炭企业必须有效降低企业库存。煤炭企业可以在整合核心竞争力来源的基础上，与煤炭供应链中的实体形成联盟。从上游到下游，煤炭企业与供应商和客户建立信任，依靠合作实现共赢。煤炭供应商为了更好地了解自己的产能和产品交付时间，可以与客户建立联盟并实现信息共享。企业根据实际需求供货，可以减少浪费和库存，又可降低物流成本，进而提高物流运营管理效率，实现绿色低碳发展。煤炭企业与供应链下游客户形成集生产、运输、需求于一体的销售模式，是提高竞争力的有效途径。煤炭供应商与需求量大、铁路直达的用户签订长期供需协议，建立战略合作伙

伴关系，确保稳定的供需关系。对于需要通过口岸中转的用户，可与煤电厂建立合作关系。

（三）推动企业规模化、集约化发展

煤炭企业可以采用联盟和入股等形式对煤炭物流资源整合优化，提升公司规模，创造可持续发展，高度重视成立专业的煤炭物流公司，建立公平合理的竞争管理体系。鼓励具备物流体系的煤炭企业开发和利用第三方物流，积极推动企业内部物流体系走营销路径，发展自主的煤炭物流体系，面向市场，服务市场。

（四）降低成本，提高物流效率

扩大铁路运输比重可以降低物流成本。加强铁路专用网建设，采用一体化、标准化的运输和装卸方式，以科学、系统的方法实现物流考核阶段的成本控制管理，从始发地到交货点再到港口，考核阶段成本管理评估。在管理层面和技术层面进行针对性的规范和调整，完善管理制度和技术标准，提高效率，达到降低物流成本的目标。

四、煤炭物流与供应链发展趋势

（一）实现物流信息化

根据资源管理系统平台，创建符合现代商业发展的物流和在线商业信息，实现物流信息共享，更好地监控物流运输效率；实现瓦斯监测技术的提升，煤堆自燃监测，能耗、排水监测，输送带电机数字化改造。此外，借助准确的信息传递，将传统的物流配送方式转变为流线型的"门到门""仓到仓"甚至"线到线"的物流方式。根据各行业实际情况，通过运用大数据信息化技术，帮助煤炭行业打造能源信息化，聚焦煤炭业务链条之间的环节，对数据进行规划和处理。从产业链的角度，通过科学的数据分析，监控整个产业链的运行和发展。煤炭企业通过运用物联网系统，将企业的综合信息、仓储管理和销售需求管理系统进行有效整合，实现物流全流程信息化。

（二）发展煤炭绿色和智慧物流，推动智慧技术应用

根据全国煤炭供需格局趋势，利用新一代信息技术，构建包括消费者、物流企业、

经销商和煤炭生产企业在内的区域煤炭智能物流信息系统，提供各类电子产品服务于物流中的所有信息管控流转。一体化使设备中各个环节的成员相互联系互动，增加信任和透明度，促进生产、运输、仓储、销售的关系，发展产品能力。在能源行业的能源和低能源产品与消费者之间建立信息交换。利用物联网和大数据，实现煤炭物流配送信息在能源企业有机信息和信息需求领域的整合、相互对等，实现企业在煤炭物流信息化方面的连接。在物流办公室的建设中，运输包装的选择，采用绿色建筑技术、清洁能源、环保材料，在运输中大量采用防尘地板技术，减少运输资源浪费，减少物流污染，减少碳排放，提升绿色交通水平。煤炭物流智能化体现在煤炭运输组织上，加强"一站式"运输组织建设。实施供应商资源管理，优化供应商资源，保证物流服务质量，降低物流运营成本。利用大数据技术整合碎片化的煤炭行业数据，构建煤炭库存预警系统，通过区域库存大数据分析，更准确地分析煤炭需求。

第三节　我国煤炭贸易中的物流管理

一、煤炭贸易中物流管理出现的问题

在我国煤炭贸易中，物流管理的发展由于起步较晚，目前其发展模式还不够成熟，物流体系及内部机构不够合理。不少煤炭企业因为管理模式落后而无法保证煤炭贸易质量，进而影响企业的经济效益。目前我国煤炭贸易中物流管理方面存在以下几点不足：

（一）运输工具不合理

在目前我国煤炭企业物流运输中，主要的运输途径是铁路、公路和水路，其中铁路运输占较大比例，公路及水路运输紧随其后。铁路运输，因其成本低而运输量大的特点，得到了广泛运用，然而铁路运输速度较慢，无法符合眼下经济飞速发展的需要。此外，我国煤炭资源分布不平衡，导致运输条件的复杂化，对于煤炭销售有一定的影响。

（二）物流模式不先进

目前，不少煤炭企业依然沿用传统的物流管理模式，无法给物流管理注入新时代元素，不能与时俱进，给煤炭贸易的发展带来了阻碍。为了有效改善这一现状，煤炭企业要运用先进的物流理念，对现有的物流贸易体系进行创新改造，建立完善的贸易链条，使贸易管理体系更加科学合理。我国煤炭交易中的物流管理还处于初级阶段，较为依赖传统的物流体系，对于新时期的煤炭交易不能充分发挥积极作用，影响了煤炭交易的顺利进行。

（三）煤炭物流管理理论滞后性

现阶段我国主要的物流管理理论都集中于专业物流企业，煤炭企业真正能够掌握到的物流理论少之又少，这就导致了煤炭企业在物流管理理论方面的滞后性。对煤炭企业来说，要想煤炭交易有效进行，就要对物流管理有更加全面的认识，一些物流理论是必须掌握的。一旦缺乏必要的物流管理理论，会给煤炭交易带来直接影响，不利于企业的长久发展。

（四）煤炭交易的物流管理规划不全面

我国煤炭企业针对煤炭交易制订的物流管理计划不够完善，缺乏科学依据，一味依靠传统物流经验是无法保证现今煤炭交易的正常进行。此外，传统的物流管理计划还会造成大量的资源浪费，影响企业的经济发展。

二、煤炭交易中的物流管理改进措施

（一）加强煤炭交易的物流管理理论学习

煤炭企业应该认识到物流管理理论对于实际煤炭交易的重要性，与当地政府部门以及教育机构增加交流机会，促进企业自身对于物流管理理论的深化理解和应用。掌握先进的物流管理理论，对于现代煤炭贸易有着极为明显的推动作用。这不仅是企业提高贸易水平的保证，也是促进我国物流全方面发展的需要。企业在吸收先进的物流管理理论的同时，要结合煤炭贸易的特点进行灵活处理，力争形成一套科学合理的带有煤炭贸易特色的物流管理理论体系，进而推动煤炭企业的进一步发展。同时，企业要对自身的管理模式进行有效改造，建立健全物流管理机制，再对物流管理理念加以运用，必将会推动企业的快速发展。

（二）建立完整的物流链条

要想建立完整的物流链条，煤炭企业需要结合自身的管理特点，加强自身管理机制的建设，力争将自身物流管理体系改造得更加科学系统。此外，还要注重对物流管理人才的培养，适当引进外界优秀资源，提升自身物流团队实力。煤炭企业要发挥物流管理团体的积极作用，在物流人才的培养中展现其优越性。一套完整的物流链可以促进煤炭交易稳定进行，对企业的可持续发展有一定的推动作用，还能够激励企业不断改革创新，提高企业竞争力。

如果能够在煤炭交易的物流管理中植入物流链管理的思想，会在整体上保证煤炭贸易的顺利开展，并且其安全性也有一定的保障。物流链的管理思想力争在整体上管理物流过程，对其组织形式以及细节有着宏观把握。整个物流过程的规范整合有利于节约企业的销售成本，提高企业贸易效率。要想建立完整的物流链体系，需要企业物流管理人员掌握先进的物流理论，能够了解煤炭贸易最新的市场动向，为企业煤炭贸易做好理论准备。相关的物流管理人员要大胆创新，改造现有的运行模式，争取实现从粗放式到经济化模式的转变，为煤炭企业的交易提供强大的理论支持，最大限度地保证企业煤炭贸易的顺利进行。

（三）加强物流管理的信息化建设

煤炭企业如果能够做好对信息的采集、传递、分析和处理，将会有效提高物流管理效率。煤炭企业要利用相关资源建立信息交流平台，与互联网物流交易系统建立密切联系，方便企业了解外界的物流信息以及市场动向。企业应该努力建设物流网站，为资源共享以及改革创新提供一定空间，使煤炭交易更加精确便捷。

（四）对煤炭交易的分析力争更加科学准确

对煤炭交易来说，采购分析在其中占有重要地位。企业要对采购物资的成本以及交易细节作出精细处理。在采购分析时，需要结合企业的实际运营情况，参考一定时期内的交易总量以及变化幅度，综合分析后再去制订未来的发展计划。其次，煤炭企业要对供应商充分了解，查询其历史交易记录，以便于制订合理的交易计划。

（五）大力发展企业特色

随着我国经济的飞速发展，市场竞争越来越激烈，一些企业意识到借助外界资源的重要性。从可持续发展的角度看，煤炭企业应该充分发挥自身的优势，将煤炭的重要性在贸易中充分体现，并且要加强企业自身实力的培养和品牌的推广，对现有的经营模式进行合理改造，突出自身的核心业务，做到有的放矢。企业如果能打造出特色品牌，对于煤炭贸易的物流管理也起到了有效的促进作用，有利于企业的长久发展。

我国经济在飞速发展的同时，市场竞争愈发激烈，煤炭企业要想在新时代的经济形势下占据一席之地，就要意识到物流管理在煤炭贸易中的重要作用，积极学习物流管理理论并加以运用，使煤炭贸易的进展更加顺畅，也为企业的长久发展提供有效支持。

第四节　我国煤炭物流体系优化建设研究

煤炭是我国重要的能源，对社会各行业发展具有重要影响，煤炭产业的良好发展是助推我国经济增长的重要因素。当前，我国正处在市场经济转型关键期，创新行业增长方式、优化煤炭物流体系等都是推动煤炭产业转型升级的重要手段，对促进煤炭产业长远发展、推动社会经济高质量发展等具有重要的现实意义。因此，煤炭企业加快推动煤炭物流体系的优化工作意义重大。

一、我国煤炭物流体系发展现状

（一）煤炭物流行业市场混乱，运输成本高

首先，我国煤炭物流市场普遍存在市场混乱、缺乏规范、恶意竞争等问题，市场整体秩序较差，严重影响煤炭行业发展。我国煤炭企业数量众多，行业竞争较大，部分企

业为谋求经济利益采取恶意竞争，市场缺乏统一的管理制度，在不良竞争下运输成本逐步增高。其次，因煤炭资源分布不均，煤炭运输距离较远、运输过程耗费时间较长，企业需要投入更多的经济成本，煤炭运输成本占据煤炭生产成本的比重较高，企业经济效益较低。

（二）尚未形成完整的煤炭物流供应链

部分煤炭企业对物流供应认识不足，缺乏专业的物流知识，企业内部管理能力较差，物流供应链管理意识淡薄，企业难以形成完整的物流供应链。要构建完整的物流供应链，就需确保实现多个企业的有效合作。然而，受利益分配影响，多数企业为谋求自身利益，缺乏大局意识，盲目追求短期利益，忽视行业长远发展，缺乏合作意识，煤炭物流供应链难以构建。完整的物流供应链的缺失导致多数煤炭企业只能提供简单的物流服务，多停留于运输、仓储、装卸、配送等环节，缺乏深层服务，难以做到产销融合，企业综合实力难以提升，难以满足国际贸易需求，不利于企业的长远发展。

（三）物流管理方式粗放化

多数煤炭企业煤炭物流体系普遍存在物流管理方式粗放化问题，无法有效应对各类突发的临时计划，难以做到高效的资源配送，企业整体物流配送能力不足。受物流管理方式粗放化限制，煤炭企业难以做到科学规划路线、高效整合物流资源等，颠倒物流、重复物流等问题频频发生，物流成本不断增加。

二、优化煤炭物流体系建设的有效策略

（一）建立物流与营销为一体的贸易体系

当前，多数大型煤炭企业为满足生产经营需求，普遍选择自主建立物流贸易公司，由物流公司负责材料采购、销售等工作，形成母、子公司的合作，确立双方权利与义务。与此同时，煤炭企业可充分整合自身资源，充分利用国内外市场资源，及时建立国内外营销网点，形成全覆盖的营销网络，以自身资源为优势，将煤炭采购、煤炭存储、煤炭运输等工作有效整合，并整合陆运、海运等运输方式，实现资源的有效配置，有效提升物流运输效率。此外，煤炭企业应顺应时代发展，积极发挥信息技术优势，顺应电子商务发展趋势，以电子信息技术为依托，建立线上线下结合的贸易体系，全面覆盖整个范围的业务，建立起集中信息、资金流管理等于一体的贸易体系。

（二）加快煤炭交易市场和物流园区建设

针对煤炭行业的发展，我国颁布了相关的优惠政策，为物流行业发展提供了较大便利，有助于煤炭物流行业实现有效整合并形成统一的管理机制，促进煤炭物流行业发展，为物流网络体系优化奠定基础。基于此，煤炭企业应借助优惠政策，与政府形成有效合作，积极加快煤炭交易市场和物流园区建设，各企业相互合作，实现资源的有效整合，通过集中的物流园区提高物流中转效率，推动煤炭运输行业规范化发展，有效降低运输成本，为物流网络体系的构建奠定基础。与此同时，应加强对物流信息整理工作的重视，将物流信息进行有效整合，形成统一的管理，提升信息管理效率，促进企业服务能力的提升。

（三）以供应物流为首进行供应链方案设计

煤炭企业应加快优化煤炭物流供应链设计，始终围绕物流核心，以供应物流为龙头，有效整合内部各环节，确保各环节的协调发展。煤炭运输工作难度较大，煤炭物流节点众多，受距离、生产活动等不确定因素影响，煤炭运输过程风险较大，不具有稳定性。因此，煤炭企业要结合实际情况，在设计供应方案时综合考虑多方因素，最大可能地降低物流运输成本，提升企业物流服务能力。首先，要重视采购环节，将其置于首要位置，严格管理原料采购工作，避免原料盲目性购进。在采购前期要提前调研，分析企业生产经营现状，并结合后期仓储工作、加工工作等进行科学分析，保证原料采购工作的科学性。其次，以电子信息技术为依托，构建智能化的仓储管理体系，对物料进行高效管理，做好价格、品质的统计，尽可能避免重复物流、颠倒物流的发生，保障企业物流运输的有序进行。

（四）树立物流供应链联盟意识

要实现煤炭物流体系的优化，就需发挥多方力量，各大煤炭企业共同合作，实现合作共赢。各企业应树立长远发展目标，充分认识合作的优势，在合作过程中互相协助，做到优势互补，有效提升煤炭物流服务能力，共同承担经济风险，为煤炭物流体系的优化奠定基础。煤炭生产与销售是两个独立的环节，要实现产销融合，就要从物流供应链着手，让各个环节做到紧密联系、有效串联。各企业要形成紧密的合作关系，实现资源的有效整合，加强供应商、企业与客户间的交流，做到信息共享最大化，有效构建完整的物流供应链，提高煤炭物流运输效率。

（五）加快煤炭物流信息化建设

煤炭企业应充分发挥物联网优势，搭建煤炭物流信息平台，通过一体化的管理平台整合信息资源，将煤炭产地、运输情况、煤炭价格等各项信息进行汇总，并通过信息平台发布，让相关信息透明化，避免各煤炭产区出现恶性竞争。通过物流信息平台，煤炭企业可实时了解煤炭市场变化，在此基础上进行生产和销售计划的调整，最大程度优化生产和销售方案，为后续的运输工作提供便利，提高煤炭运输工作效率。目前煤炭企业可以使用相关业务系统，利用客户信息流、生产信息流和需求信息流有效地协调、管理和沟通各部门之间的合作，实现整个供应链网络降低物流成本、增加企业竞争力的目的。

综上所述，煤炭是我国的重要能源，是我国工业发展的动力，受资源分布不均问题影响，煤炭物流市场始终拥有较大的发展前景。然而，当前我国煤炭企业煤炭物流体系建设普遍存在物流市场混乱、物流供应链缺失、物流管理方式粗放等问题，严重制约煤炭物流体系建设，对煤炭企业煤炭物流发展产生较大的不利影响。基于此，煤炭企业应正确认识煤炭物流的重要性，明确其服务功能，积极加快推动煤炭物流体系的构建，将煤炭采购、生产、销售等各个环节有效整合，形成完整的物流供应链，有效提升企业物流运输能力。企业应建立物流与营销为一体的贸易体系，加快煤炭交易市场和物流园区建设，优化供应链方案设计，树立物流供应链联盟意识，加快煤炭物流信息化建设，优化煤炭物流体系，促进煤炭企业长远发展。

第七章 基于供应链的煤炭物流公共信息平台构建

第一节 基于供应链的
煤炭物流公共信息平台构建的理论基础

一、供应链管理

现代企业供应链管理是利用信息技术和现代管理技术把采购—生产—销售过程的所有节点整合在一起，以适应市场的瞬息变化，适时地采购所需的原材料，及时地生产，满足顾客的需求。现代供应链管理的核心是建立采购商—制造商—供应商信息平台，在这个平台上，采购商、制造商和供应商的每一个环节信息共享，以最快的速度捕捉到市场上的变化。

（一）供应链的定义

目前对供应链的认识大多集中于核心企业的上下游关系，如核心企业与供应商乃至最初的供应商，核心企业与用户及最终的用户。对供应链的理解形成了网络链的概念，例如，丰田（Toyota）、耐克（Nike）、尼桑（Nissan）、麦当劳（McDonalds）和苹果（Apple）等公司都是基于网链的视角理解和执行供应链管理。哈理森（Harrison）更是将供应链定义为供应链是执行采购原材料、将它们转换为中间产品和成品，并且将成品销售到用户的功能网链。上述表明，供应链的战略伙伴关系问题不容忽视。菲利浦（Phillip）和温德尔（Wendell）认为核心企业通过与供应商和用户达成战略伙伴关系，可以更有效地开展供应链合作。

我国学者马士华将供应链定义为供应链是围绕核心企业，将供应商、制造商、分销商、零售商、直到最终用户连成一个整体的功能网链结构。它通过对信息流、物流、资金流的控制，从采购原材料开始，制成中间产品以及最终产品，最后由销售网络把产品送到消费者手中。

（二）供应链管理的定义及内容

马士华对供应链管理的定义为供应链管理就是供应链从采购开始，到满足最终顾客的所有过程。工作流（Work Flow）、实物流（Physical Flow）、资金流（Funds Flow）和信息流（Information Flow）等均能高效率地操作，以最小的成本，把合适的产品，以合理的价格，及时、准确地送到消费者手上，使供应链运作达到最优化。供应链管理体系结构如图 7-1 所示。

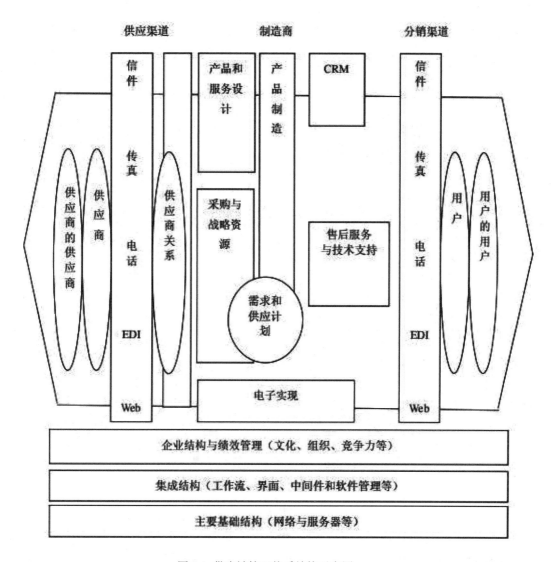

图 7-1 供应链管理体系结构示意图

一条供应链在实际的运行过程中，要通过该链的核心企业来调度和协调整条链上的物流、信息流和资金流。因此，供应链系统可以被分层，具体结构如图 7-2 所示。

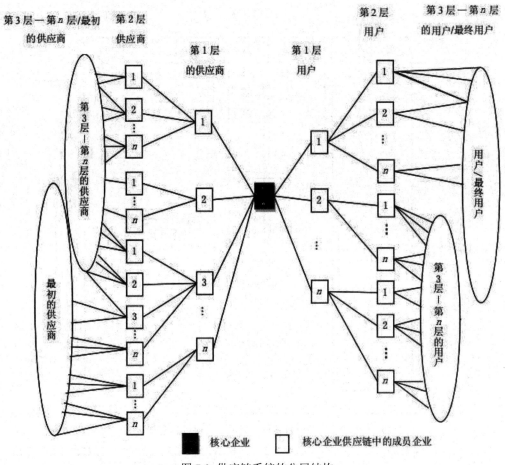

图 7-2 供应链系统的分层结构

　　供应链管理的目的就在于控制供应链每一层次之间的物料流和信息流，使供应链的效率最大化，最终达到满足用户需求的目的。美国密歇根州立大学提出了供应链管理的基本模式，如图 7-3 所示。图中，供应链节点企业通过协同合作，形成供应链一体化，从而使供应链整体更具竞争力。企业要想在竞争中取得优势，就不得不通过联盟客户、分销网络和供应商网络构成供应链结构和战略。供应链一体化就是指多个企业在考虑关键资源受限制的情况下合作关系的达成。

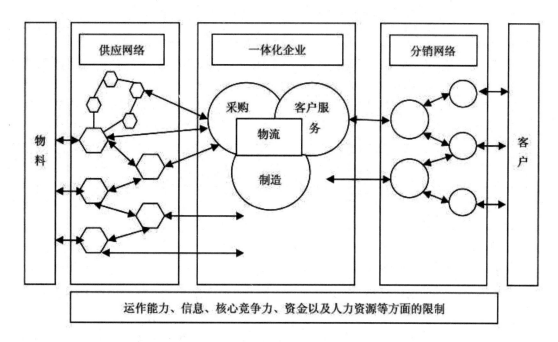

图 7-3 供应链一体化的基本模式

二、物流公共信息平台

（一）物流公共信息平台的概念

通常意义上的物流公共信息平台是指利用计算机、网络和通信等现代信息技术对区域内物流供需、物流作业、物流过程和物流管理的相关信息进行采集、分类、筛选、储存、分析、评价、反馈、发布、管理和控制的通用性信息交换平台。

（二）物流公共信息平台的国内外发展状况

物流公共信息平台的国内外发展状况见表 7-1。

表 7-1 物流公共信息平台的国内外发展状况

国家	物流公共信息平台发展状况
中国	企业、行业、地方、省级区域、国家级公共物流公共信息平台进入全面推进阶段，交通运输部正式确定"1+32+nx"的总体布局
美国	将供应链上的各节点企业机构都放到上面，通过平台完成数据交换，并提供国际物流服务
日本	建立适应物流"循环型"经济社会所需求的交通运输系统；组成"官民联合体"，共同投资合作开发汽车电子商务网；跨越联手建立电子物流信息市场
德国	主要集中在电子政务与物流公共服务相结合的方面，政府统一规划和出台相关的支持政策

国外物流规划理论及相关物流信息技术等的极大发展，促进了其物流公共信息平台建设的完善，因此比较成熟；相比之下，我国就显得有些不足，目前仍处于逐步发展探索阶段。

煤炭物流公共信息平台是现代物流企业收集和整合资源的重要手段，是为煤炭供应链节点企业提供专业化物流服务的重要场所。经由煤炭物流公共信息平台，企业可以快速地掌握供应链上不同环节的供求信息和物流信息，实现对不同的物流环节的远程控制和实时监控。由于信息技术在物流行业的应用中不断成熟，物流信息化的发展脚步不断加快，建立公共物流公共信息平台已经成为煤炭物流行业的发展趋势之一。

我国煤炭物流公共信息平台的建设，在政府力量的推动下，目前已有少数平台投入运行，但大部分仍在筹备建设中，总体上，无论是建设还是运行都仍处于摸索阶段。煤炭物流公共信息平台的种类也具有多样性，从区域上来讲，从地方到全国；从建设的主导者来讲，从政府投资到企业投资；从平台的功能定位上来讲，从以服务建设为重点到以信息建设为重点。而且，平台的建设和运营状况也是良莠不齐。

三、物流信息技术

煤炭物流公共信息平台是整个煤炭供应链物流活动的信息交互中心，是煤炭供应链上所有物流环节所产生的信息的技术载体，先进的煤炭物流公共信息平台离不开现代化的物流信息技术作为支撑。在煤炭供应链管理方面，物流信息技术的发展也改变了煤炭企业应用供应链管理获得竞争优势的方式：煤炭企业可以通过物流信息技术的应用来支持它的经营战略并改善它的经营业务；煤炭物流企业可以通过多样化的增值服务，提高煤炭物流的服务水平，提高煤炭供应链的效率。

物流信息技术（Logistics Information Technology，简称"LIT"）包括计算机技术、网络技术、数据库技术、条码技术、射频识别（Radio Frequency Identification，以下简称"RFID"）技术、电子数据交换（Electronic Data Interchange，以下简称"EDI"）技术、全球定位系统（Global Positioning System，以下简称"GPS"）技术以及 GIS 技术等。

（一）基础技术

基础技术主要包括数据库技术、计算机技术、网络技术。在物流信息技术中，计算机技术主要是指计算机的操作技术。网络技术为物流供应链管理提供技术实现手段，实现信息在企业之间的交换与共享。数据库技术主要用于物流信息的存储、查询，提供信息支持与辅助决策。

（二）信息采集技术

信息采集技术主要包括条码技术（Bar Code）、射频识别技术。

在煤炭物流操作中，可以把需要的所有信息集中到条形码中，并利用条码技术和数据库将数据汇总处理，并保存在数据库中以便随时查询，大大地提高了数据采集的效率，用标准化的编码系统还可以规范物流操作的流程简化操作，使供应链的衔接更为紧密和便捷，从而提高整个供应链的效率。

条形码是为了表达一组数字或字母符号的信息，将宽度不同、反射率不同的条（黑条）和空（白条）按照一定的编码规则（码制）编制而成的图形标识符。在实际应用中，条形码可以分为商品条形码和物流条形码两大应用范畴。商品条形码与物流条形码的比较如表 7-2 所示。

数据录入和采集的瓶颈问题可以通过条码技术的应用得以解决，从技术层面大力支持了供应链管理。条形码在物流中的具体应用如图 7-4 所示。

表 7-2 商品条形码与物流条形码的比较

条码类型	应用对象	数字构成	包装形式	应用领域
商品条形码	向消费者销售的商品	13 位数字	单个商品包装	POS 系统、补充订货管理
物流条形码	物流过程中的商品	14 位数字	集合包装	出入库管理、运输保管分拣管理

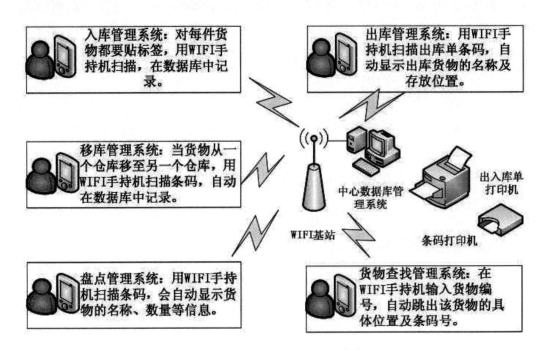

图 7-4 条形码在物流中的具体应用

　　射频识别技术是一种能够替代条码，不需要人工干预，并且可以在有油渍、灰尘污染等恶劣环境下工作，通过射频信号自动识别目标对象获取相关数据的非接触式自动识别技术。一个最基本的 RFID 系统一般包括三个部分，分别为 EPC 标签（Tag）、读写器或阅读器（Reader）和应用系统（包括连接线路）三部分，如图 7-5 所示。其工作原理如图 7-6 所示。

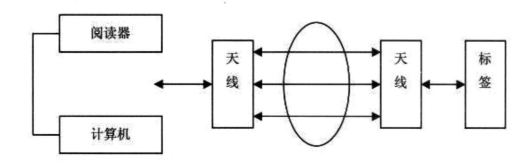

图 7-5 RFID 系统的基本组成

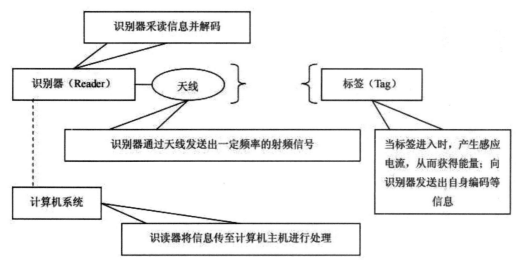

图 7-6 RFID 系统工作原理图

（三）信息交换技术

通过 EDI 技术的应用，可以将煤炭交易双方彼此往来的商业文档转成标准格式，并通过通信网络传输给对方，这样实现了自动订货、发货、结账等交易事务处理工作，实现了煤炭供应链上无纸化贸易、加快煤炭物流周转、降低煤炭物流成本、提高煤炭物流效益，最终以低成本、高质量地服务完成煤炭物流活动。

EDI 是一种在公司之间传输订单、发票等作业文件的电子化手段。一个 EDI 系统包括 EDI 软件和硬件、通信网络以及数据标准化 3 个基本元素。标准化文件结构、格式、语法规则等，采用计算机之间的自动应答和自动处理（见图 7-7），而非人机对话方式的交互式处理，这是 EDI 互通和自动处理商业文件、单证的重要支撑。EDI 技术实现的是结构化标准报文在计算机应用系统之间的自动交换和处理。其单证处理过程可分为 4 个步骤（见图 7-8）。

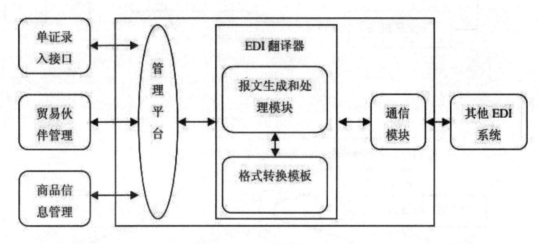

图 7-7　EDI 应用系统

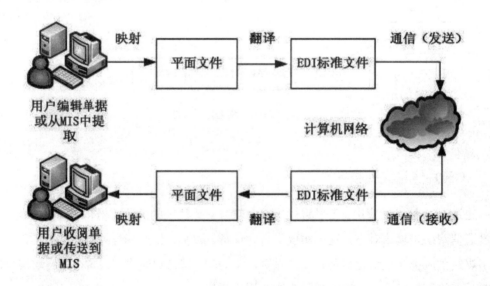

图 7-8　EDI 单证处理过程

（四）地理分析与动态跟踪技术

地理分析与动态跟踪技术主要包括 GIS、GPS 技术。平台通过将 GPS/GIS 系统与平台对接与运用，将煤炭物流配送的准确信息能够图文并茂地呈现给用户，满足用户对煤炭货物实时运输状态进行跟踪，并且通过电子地图确定配送过程中车辆与货物的确切位置，为煤炭物流的智能配送与货物状态跟踪提供技术支持。

GIS 是一种通过采用地理模型分析方法，以地理空间数据为基础，从而为地理研究和决策提供多种空间和动态的地理信息服务的多学科交叉的计算机技术系统。表格型数据（包括数据库、电子表格文件或直接在程序中输入的数据）被转换为可以显示的地理图形，而且显示结果是能够进行浏览、操作和分析的。具备从洲际地图到详细街区地图的显示范围，以及包括人口、销售情况、运输线路和其他内容在内的显示对象。GIS 主要由 5 部分构成，即硬件、软件、数据、人员和方法，如图 7-9 所示。

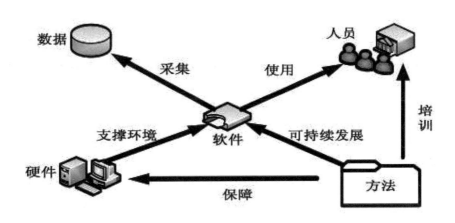

图 7-9　GIS 的组成

GPS 具有在海、陆、空进行全方位实时三维导航与定位能力。物流领域中的汽车自定位、跟踪调度，铁路运输管理以及军事物流等都离不开 GPS。GPS 是利用空间卫星星座（通信卫星）、地面控制部分及信号接收机对地球上任何地方的用户进行全方位导航和定位的系统。GPS 的组成如图 7-10 所示。

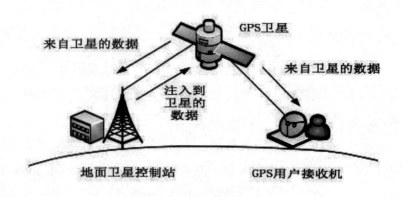

图 7-10　GPS 的组成

物流信息技术作为物流技术中发展最快的领域，标志着物流现代化的水平。大批物流信息技术都在日新月异地发展，例如，数据采集的条码系统，办公自动化系统中的计算机、互联网、各种终端设备等硬件以及计算机软件等。这种发展也极大地改变了企业通过供应链管理获得竞争优势的方式，一些企业将信息技术应用于自身的战略支持和经营业务的选择，以此来增强供应链的经营决策能力，从而提高供应链效率，最终获取企业的成功。

第二节　煤炭物流信息化现状、趋势及实现途径

一、煤炭物流信息化现状

我国煤炭物流信息化是指将现代信息技术应用于管理和集成煤炭流通过程中的信息。具体表现为，通过对煤炭流通中的信息和信息流进行分析和控制，来实现煤炭价值链中物流、商流和资金流的管理和控制。进而，煤炭流通运作的自动化程度和决策水平得以提升，煤炭流通过程中所需的各类物流资源得以合理配置，物流成本得以降低，物

流服务水平得到提高。

我国煤炭物流信息化现状主要表现在以下方面：整体信息化水平较低，尚无适用的信息系统；信息化需求仍以基础信息化为主；信息化水平区域分布不均。

二、煤炭物流业未来的发展趋势

煤炭物流的发展正处于转型期，基于煤炭物流需求持续增长，物流业整体发展环境利好这一背景，其总体上将会朝着规模化、专业化、信息化和一体化的现代物流方向发展壮大。

其中，信息化是煤炭物流业未来发展趋势之一。随着物联网应用技术的积极推进和煤炭流通领域信息化的快速建设，库存最小化、环节最少化、成本最低化和物流低碳化将指日可待。而且像企业资源计划（Enterprise Resource Planning，简称"ERP"）、GPS/GIS、ITS、RFID 等一系列企业管理信息化软件和物流运输定位系统软件越来越受到企业的青睐。

三、煤炭供应链企业实现物流信息化的途径

煤炭供应链企业可以采用以下方法实现物流信息化：

第一，建设煤炭物流公共信息平台。物流公共信息平台，通过其庞大的资料库以及开放性的商务功能，可以为煤炭供应链企业提供信息交流、发布、业务交易、决策支持等。

第二，完善煤炭物流节点的网络化。煤炭供应链企业信息管理的关键就是加快煤炭物流节点的网络化。煤炭物流活动具有很大的复杂性，煤炭物流节点也在逐渐增多。煤炭物流节点的信息化和网络化，作为现代物流体系的重要组成部分，仍需不断完善。

第三，加快煤炭供应链业务流程重组。煤炭供应链企业通过业务流程重组可以识别核心业务流程，简化非增值部分流程，集成和整体优化供应链节点。具体来讲，主要包括重组职能内部的业务流程（功能内的流程重组），重组企业内部多个职能部门之间的业务流程（功能间的流程重组），重组供应链节点企业之间的业务流程（组织间的流程重组）。

第四，有效利用先进的物流信息技术。物流信息技术在一定程度上标志着企业的信息化管理水平，因此煤炭供应链企业应根据自己的实际情况合理利用先进的物流信息技术。

第五，合理采用适当的物流软件。煤炭供应链企业应从众多牌子、厂商中选择符合自身发展要求的物流软件。而且在信息化平台的建设中，应根据企业的实际需求，将二次开发加外购和企业自主研发结合起来，让企业相关业务人员和平台建设的技术人员协同工作，依次增加软件模块，逐步建立和优化数据库，不断地对信息平台进行完善。

第三节　基于供应链的煤炭物流公共信息平台构建的可行性

对于煤炭物流公共信息平台构建的可行性，笔者运用 PEST 分析法，从政策、经济、社会、技术四个维度进行详尽分析。

一、政治（Politics）可行性分析

为发展现代煤炭物流，增强煤炭稳定供应能力，保障国家能源安全，2013 年 12 月，国家发展和改革委员会和国家能源局发布了《煤炭物流发展规划》（以下简称"规划"），这是我国首个专门针对煤炭物流的发展规划文件。利好政策的相继出台，使得煤炭物流行业将迎来快速发展期。

规划指出，到 2020 年，明显提高煤炭物流整体运行效率，显著提升社会化、专业化和信息化水平，而且具备配套衔接的物流网络、先进适用的技术装备、绿色高效的物流服务的现代煤炭物流体系也会基本形成。届时，建设若干个煤炭交易市场；重点建设 11 个大型煤炭储配基地和 30 个年流通规模 2 000 万吨级物流园区；培育 10 个年综合物流营业收入达到 500 亿元的企业以及一批大型现代煤炭物流企业；铁路煤运通道年运输能力将达到 30 亿吨。

规划明确了煤炭物流科学发展的六项重点任务：深化煤炭产运需衔接制度改革，建

立以全国性煤炭交易中心为主体，以区域性煤炭交易市场为补充，以信息技术为平台，政府宏观调控有效、市场主体自由交易的煤炭市场体系；推广先进煤炭物流技术装备，加快煤炭物流信息化建设，完善煤炭物流标准体系；建设大型煤炭储配基地，加快应急储备建设，健全煤炭储配体系；加快铁路、水运通道及集疏运系统建设，健全铁路直达和铁水联运物流通道网络，形成"九纵六横"的煤炭物流网络；引导国内煤炭物流企业引进国外先进物流管理理念和技术装备，支持优势企业开展国际化经营，推进煤炭物流国际合作；按照现代物流管理模式，整合煤炭物流资源，发展大型现代煤炭物流企业。为落实好各项任务，确保实现目标。

规划中提出了五大保障措施：促进煤炭物流资源整合；加强科技创新和人才培养；完善煤炭价格形成机制；加大政策支持力度；深化体制改革。

由此可见，规划的出台，不仅为煤炭物流信息化指引了方向，还为煤炭物流信息化的实施提供了保障。另一方面，《中华人民共和国大气污染防治法》和《中华人民共和国环境保护税法》的发布等，以及党和政府对环境问题的高度重视，促使环境污染矛盾突出的煤炭行业加快转型升级，积极寻求"第三利润源"。

二、经济（Economic）可行性分析

由于内部和外部等多个方面的增长减速和结构调整，经济形势越来越复杂，脆弱性、不确定性和不平衡性在我国经济的运行过程中表现得越来越明显。总体来讲，我国经济正处于前期政策消化期、经济增速换挡期和结构调整阵痛期这一"拐点阶段"。

处于转型阶段的中国经济，正在由主要依靠第一产业和第二产业发展，转向由第三产业引导的发展，所以传统煤炭能源行业势必会受到一定程度冲击。与此同时，我国正处于城市化快速发展的时期，一定程度上会增加对能源的需求，从而推动煤炭能源行业的发展。

从 1992 年煤炭市场化改革以来，我国煤炭市场基本以 10 年为一个阶段，1992 年至 2001 年为改革、关闭重组、产能慢速增长期，2002 年至 2011 年为产能释放、快速增长期，2012 年至 2021 年进入深度调整和慢速增长叠加期。"调结构、转方式"已经成为我国煤炭工业发展的当务之急。

为推进节能减排、加强大气污染防治，控制煤炭消费总量，推进能源生产和消费革

命，煤炭需求增长空间受限。不过，由于新能源和可再生能源发展受技术经济等因素影响，短期内总量难以大幅提升，未来一个时期内，煤炭作为主体能源，总量仍将增加。

三、社会（Society）可行性分析

黄金十年成历史，价格比拼的时代过去了，物流、信息流和资金流集结而成的供应链大体系已经成为煤炭企业竞争的关键。随着新能源的优势越来越凸显，与国际同行的竞争越来越激烈，占煤炭售价 40% 的流通成本日益吸引了更多煤炭企业的关注。实际上，煤炭生产成本已经没有太多的压缩空间，尽管通过改善技术能够使生产成本降低，但资源税改革和环境补偿机制的完善也将逐步还原煤炭开采的隐性成本，采用新技术所节约的成本进而被中和。与时俱进，各大煤炭企业也逐渐将目光聚焦在发展物流产业、开展电子商务、参建煤炭交易市场，不断创新商业模式。因此，加强煤炭供应链管理，从煤炭流通环节挖掘利润，成为煤炭企业未来的发展趋势。

在供求关系逆转、煤价大幅下跌的市场状况下，煤炭行业靠需求增长拉动、坐地收金的辉煌日子已销声匿迹，然而，这种不景气现状，对煤炭行业也是一个实现科学发展的契机。优胜劣汰的市场机制推动煤炭行业重新洗牌，加速煤炭产业转型升级和煤炭企业兼并重组，最终沉淀出一批市场竞争力强大的集团型煤炭企业。这些大型煤炭企业，为煤炭物流公共信息平台建设提供了强有力的资本支撑和资源保障。

四、技术（Technology）可行性分析

相关信息技术的涌现和成熟应用也为煤炭行业物流信息平台的建设提供了技术可行性。例如，通过无线电信号识别特定目标并读写相关数据的无线射频识别技术；用于输入、存储、查询、分析和显示地理数据的地理信息系统技术；利用卫星在全球范围内实时进行定位、导航的全球卫星定位系统技术；按照协议将文件标准化和格式化并通过计算机网络进行数据交换和自动处理的电子数据交换技术；实现智能化识别、定位、跟踪、监控和管理的物联网技术；最新兴起的云计算技术等。

第四节 信息平台下煤炭供应链的物流网络体系

基于供应链管理的煤炭物流公共信息平台通过对煤炭产运需全过程相关的共用数据采集、组织和处理，为供应链上各节点企业的活动提供基础支撑信息；同时，对煤炭行业主管部门的市场管理和协同工作，以及政府的宏观决策提供支持。

一、信息平台下煤炭供应链的特点

物流公共信息平台下的供应链是一个集成供应链。一般来说，供应链是宏观物流管理，是社会化的物流形式。这种形式包含了整个社会的各种产业供应链。供应链可以理解为在整个产业中，由原材料供货商、产品生产商、产品销售商、物流配送服务商和售后服务中心组成的协作关系总和。供应链上的各节点企业通过有机结合、互补长短，而非简单地加总，形成一种新型的联盟或合作型的物流新体系。供应链的整体效率在这种新型的物流合作体系下会有很大提高。为了满足市场需求，煤炭企业应努力在供应链的适当位置寻找最优的战略合作伙伴成员，这就是供应链的核心思想。

在物流公共信息平台作用下，煤炭供应链节点包括：煤矿原材料供应商（如机械、电力、木材等上游供应企业），原煤及精煤生产商（包括原煤开采、原煤运输、精煤生产、煤炭销售等矿业集团），煤炭产品运输环节和煤炭消费客户。进而形成以物流为主线，包括信息流及资金流的输入输出关系的煤炭供应链框架，如图 7-11 所示。

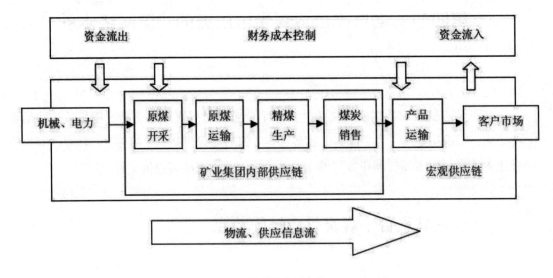

图 7-11 煤炭供应链架构

　　信息平台下的煤炭供应链管理，主要是指对涉及煤炭生产所需材料及设备的采购、仓储、煤炭开采、运输、客户服务等相关信息的管理。煤炭供应链上的节点信息主要由煤炭材料设备供应商、煤炭开采企业、煤炭运销商（物流公司）、煤炭代理商、煤炭用户或煤炭消费者所产生的信息组成。通过信息共享，利用供应商提供的材料与设备，煤炭开采企业生产煤炭，并经运销商运输到煤炭消费者或最终用户这一系列煤炭供应链活动会变得更加高效。

　　通过煤炭物流公共信息平台的支持，在煤炭供应链中，矿业集团物资供销公司的需求能够得到煤炭材料设备供应商的快速响应，厂、矿用户的需求能够得到集团物资供销公司的快速响应，供应链节点企业之间的彼此需求都能够做到快速响应。

二、供应链环境下煤炭物流的特点

　　在供应链环境下，企业物流信息管理必须将不同企业的业务信息系统集成在一起，使业务伙伴之间可以像企业内部部门之间那样实现业务协作。

（一）供应链环境下煤炭物流环境的特点

供应链环境下的煤炭物流环境有如下几个特点（见表7-3）：

表 7-3 供应链环境下的煤炭物流环境特点

竞争特性	物流策略要素	竞争的需求
敏捷性	通过畅通的运输通道快速交货	顾客化产品开发、制造和交货速度
合作性	通过信息网络获得信息与知识支持	资源动态重组能力
柔性	多形式运输网络，多信息获取途径	物流系统对变化的实时响应能力
满意度	多样化产品、亲和服务、可靠质量	用户服务能力的要求

（二）供应链环境下煤炭物流管理的新特点

信息共享、过程同步、合作互利、交货准时、响应敏捷和服务满意是供应链环境下煤炭物流管理的新特点。图 7-12 为传统的煤炭物流模型。图 7-13 为煤炭物流在供应链管理环境下的模型。通过比较，不难发现后者的信息流量明显有大幅度的提升，而且需求和反馈信息的传递都是呈网络式，而非逐层传递。进而，供应链各环节的市场和供需信息，可以通过 EDI／互联网快速地传递到供应链各节点企业。

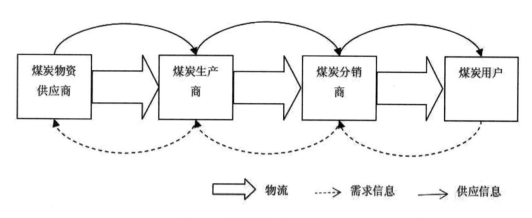

图 7-12 传统的煤炭物流模型

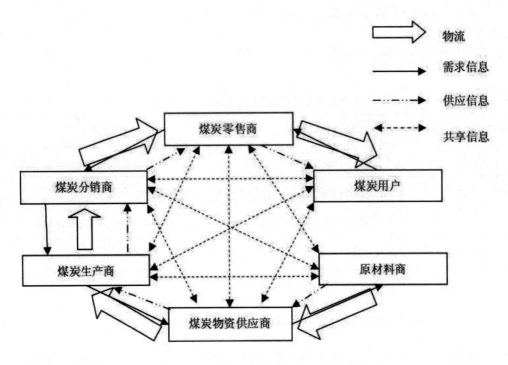

图 7-13 供应链环境下的煤炭物流模型

三、供应链环境下的煤炭物流网络体系

从煤炭供应链的角度来看，煤炭物流系统主要包括煤炭生产物流、生产供应物流和煤炭分销物流 3 个子系统，如图 7-14 所示。

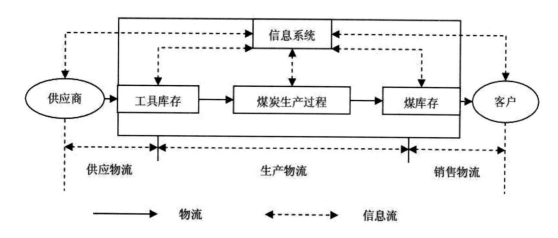

图 7-14 煤炭物流系统图

煤矿开采的一系列运行过程都始终伴随着煤炭物流活动。其具体物流过程如下：通过采购各种采掘设备、支护材料，保证煤炭的正常生产运行，煤炭开采出来经粉碎，通过工作面、顺槽、斜巷的运输后，再由大巷进入煤仓，由主井提升到地面，最后经运输抵达客户（煤矿矿井涌水被汇集排至地面、新鲜空气流至工作面、有害气体排至煤矿矿井外等均包括在内）。因此，煤炭物流是指从煤炭开采所需物资进入企业开始，直至把商品煤运出企业到达客户为止的整个物流活动的全过程。

（一）煤炭生产物流

煤炭生产物流主要是指煤炭自工作面直到外运的整个过程，包括主生产物流和辅助生产物流两部分，分别如图 7-15、图 7-16 所示。其中，原煤物流几乎没有半成品；煤炭产品单一，物流连续性高；产品体积大、重量大、物流量大，是煤炭生产物流的主要特征。

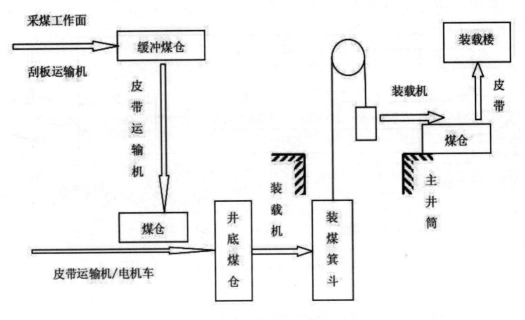

图 7-15 煤炭主生产物流系统

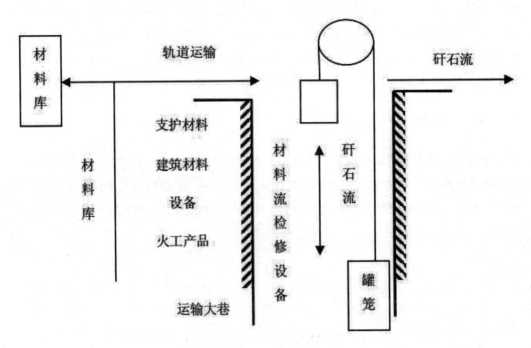

图 7-16 煤炭生产辅助物流系统

（二）煤炭生产供应物流

煤炭生产供应物流主要包括煤炭开采所需的原材料、燃料、设备、工具等。供应物流的中心主要是指供应过程中的煤炭企业、煤业集团、物料供应公司（处）。其中，煤炭生产所需原材料不构成产品实体，各矿、厂、处相距较远，企业内部物流路线长等是煤炭生产供应物流的主要特征。因此，企业应该加强回收物流的管理，并且通过总仓库配送至各需求点来提高物流效益。同时，企业应严格管理在用物料以应对恶劣的井下煤炭生产环境。

（三）煤炭分销物流

煤炭分销物流是指煤炭从煤矿转至客户手中的整个过程。煤炭分销物流系统如图7-17 所示。其中，物流信息密集，用户分布地域广，是煤炭分销物流的主要特征。因此，一个煤炭企业会在全国设立多家煤炭分销机构。煤炭订货、成品煤储运、客户管理、产品信息发布等一系列煤炭分销活动的相关信息的办理大多仍主要依靠长途电话、传真、特快专递、直接上门等传统方式。

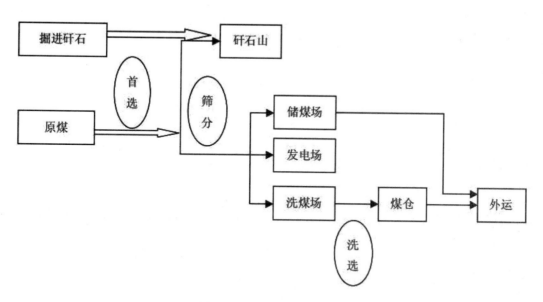

图 7-17 煤炭分销物流系统

主体要素、客体要素和载体要素共同构成了煤炭物流网络。图 7-18 所示的是煤炭物流网络体系结构模型。它集合了由网络上相互联系的组织、设施与设备、线路和场所、物流信息与服务等要素。从图中可以看出，煤炭集散、转运和配送中心是 3 类重要的物流节点，是整个煤炭物流网络的"神经中枢"。

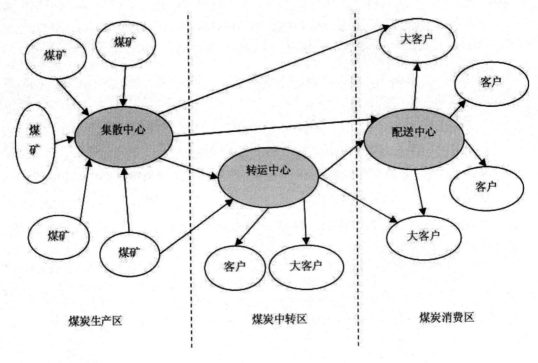

图 7-18 煤炭物流网络体系结构示意图

第四节　基于供应链的
煤炭物流公共信息平台构建的具体内容

　　基于供应链管理的煤炭物流公共信息平台构建是指以供应链管理理论为指导,打破产业界限、区域界限、企业界限,对煤炭供应中的商流、信息流、资金流、物流进行全面规划,通过计划、组织、协调和控制等手段,以建立煤炭供应链各节点企业之间的伙伴关系和战略联盟,以及合理的利益分配机制,提高整个供应链运作效率和效益,满足客户价值并实现供应链成本最小化的目标。

　　煤炭物流公共信息平台的构建思路必须以服务于煤炭经济发展的定位为前提条件,并遵循现代物流规划策略的思路。其逻辑关系如图 7-19 所示。

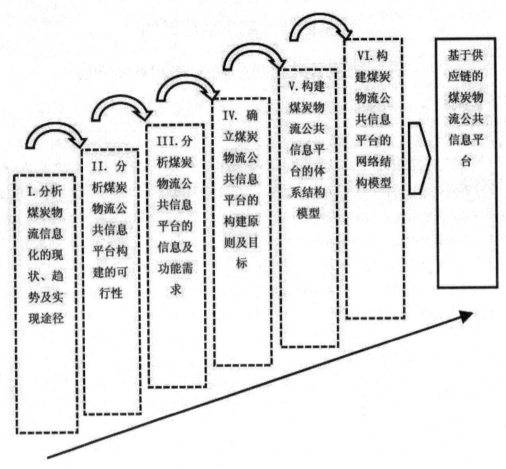

图 7-19 基于供应链的煤炭物流公共信息平台的构建步骤

一、基于供应链的煤炭物流公共信息平台的构建原则

煤炭物流公共信息平台的构建原则与其他信息平台的构建原则相似，针对煤炭供应链的特点和煤炭物流发展过程中遇到的问题，以下七个原则需重点考虑（见表7-4）：

表 7-4 煤炭物流公共信息平台的构建原则

构建原则	说明
综合性	全面考虑煤炭供应链各节点企业对平台物流信息的实际需求及其相互之间的关系
标准性	符合煤炭行业标准、国家对平台构建的具体要求和标准规范，基础信息采集的标准化
开放性	能够与其他相关的信息平台以及信息系统相连接，进行持续不断的数据交换
扩展性	能够进行调整和变化以适应新的市场和新的需求形势，为将来平台的发展留足够的空间
安全性	平台用户身份认证信息的安全性、平台物流信息交流的安全性以及平台用户交易的安全性等
可靠性	系统运行稳定；信息传输的过程中，不会被盗窃或泄露等
易操作性	平台和系统的操作方便用户快速使用，提供在线帮助为用户及时解决问题

二、基于供应链的煤炭物流公共信息平台的构建目标

在构建煤炭物流公共信息平台之前，必须首先确定平台的定位，亦即平台的构建目标。笔者通过认真研究，确定平台的构建目标如表 7-5 所示。

表 7-5 煤炭物流公共信息平台的构建目标

构建目标	说明
"一站式"服务	提供"一站式"的服务，实现供应链上下游的沟通联系、业务操作、协调等
物流活动电子化	载入移动通信、电子数据交换、货物全球定位跟踪、短信平台、一卡通和库存、代收货款等实时查询技术，实现煤炭物流活动的电子化
决策支持	通过对信息进行深加工、处理，获取煤炭物流的发展变化规律，实现企业对物资采购、库存管理、车辆调度、运输流程设计等方面的分析决策
电子商务	能够电子交易，集合商流、信息流、订/发货、仓储、运输、报关以及金融结算等功能

构建目标	说明
会员制	具备不同级别（权限）的会员注册功能，并根据会员权限为其提供定制化的信息索引目录、会员基本信息管理、数据储存及分析等
智慧物流	能够根据煤炭供应链节点提供的相关数据，通过统计学、运筹学、跟踪定位等方法和技术制定最优的煤炭物流方案

三、基于供应链的煤炭物流公共信息平台体系结构的构建

基于供应链的煤炭物流公共信息平台通过信息采集、信息融合、信息存储、信息共享及信息发布，为煤炭供应链节点企业提供公共信息，满足和适应煤炭供应链节点企业信息系统多种功能的实现；促进煤炭供应链节点企业群体间协同经营机制和战略合作关系的建立；为支撑政府部门间行业管理、市场规范管理等交互协同工作机制的建立及科学决策提供依据；提供多样化的物流信息增值服务。

（一）物流公共信息平台的参考体系架构

《物流公共信息平台应用开发指南第 2 部分：体系架构》中给出物流公共信息平台的参考体系架构，分为应用扩展层、服务支持层、平台基础层等 3 个层面，每个层面又包含若干功能和模块。其具体的内容框架如图 7-20 所示。

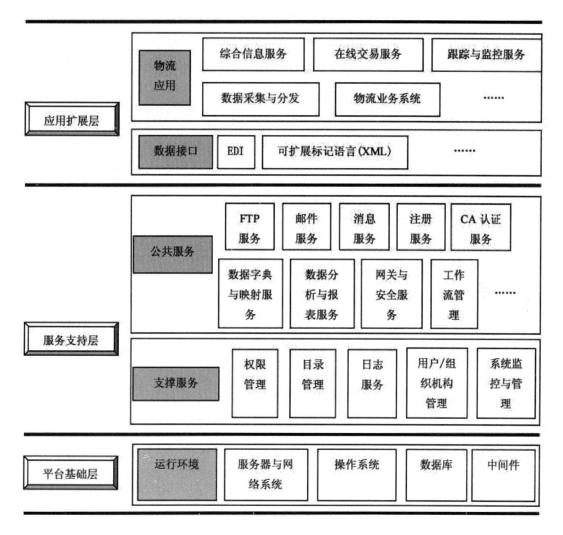

图 7-20 物流公共信息平台构建的参考体系架构

（二）基于供应链的煤炭物流公共信息平台的体系架构

煤炭物流公共信息平台涉及供应链各节点间物流、商流、信息流和资金流，而且物流活动是跨地区、跨企业的，因此煤炭物流公共信息平台的规划与建设主要包括以下几点：

第一，要厘清平台和现有各种信息管理系统间的关系，统一标准，实现数据的相互转换。

第二，要保证大跨度的信息的有效传输和处理、远程数据访问、数据分布处理等。

第三，要根据煤炭行业物流信息需求，对生产、运输、装卸、仓储、加工、配送等各个环节中产生的各种物流信息采集、加工提炼、储存、传输、交换、共享，使其能够通过平台实时、方便、准确传递到煤炭物流供应链上的所有节点。

煤炭物流信息平台的主要功能模块应包括数据存储、数据交换以及查询统计等基本服务功能模块；业务受理、资源配置、运输调度、流通加工、库存管理、金融服务以及跟踪查询等应用服务功能模块；决策支持、电子商务、供应链管理、客户关系管理、财务管理、办公自动化以及外部对接等增值服务模块。

基于供应链的煤炭物流公共信息平台的体系结构可以分为基础设施层、供应链业务层、供应链管理层、供应链决策层以及门户层 5 个层次来构建。通过参考国家规定的一般物流公共信息平台的体系架构，笔者所提出的基于供应链的煤炭物流公共信息平台的体系架构如图 7-21 所示。其中：第一，基础设施层，主要包括防火墙、数据存储设备、信息采集设备、信息输入输出设备、数据处理中心以及网络设施等；第二，供应链业务层，主要包括采购管理、订单处理、洗选加工、数字配煤、仓储配送、运输调度和财务管理等；第三，供应链管理层，有助于供应链各节点间的良好对接，实现煤炭供应链的统一管理；第四，供应链决策层，通过搜集客户信息、市场信息等，为制定供应链战略规划提供决策依据；第五，门户层，能够实现供应链各节点的良好沟通、信息共享和反馈，从而更好地服务客户，增强市场灵敏性。

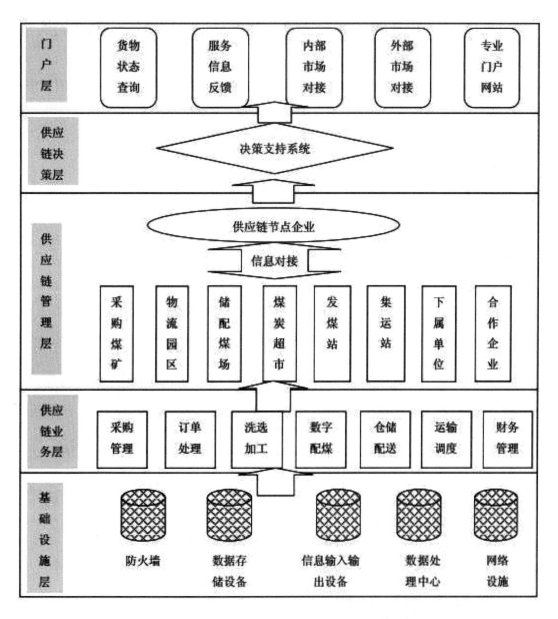

图 7-21 基于供应链的煤炭物流公共信息平台的体系架构

163

四、基于供应链的煤炭物流公共信息平台网络结构模型的构建

基于供应链的煤炭物流公共信息平台，以适应煤炭产业进步和提供多样化的物流服务、保证准确运输和降低物流成本为要求，对于用户要提供完善的功能模块和使用界面，并且模块与平台数据库有良好的接口，以便对用户的要求及时做出反应，并给出输出结果，辅助决策。

煤炭供应链物流信息平台的建立，离不开互联网的支持。平台将煤炭供应链各节点企业，诸如材料设备供应商、煤炭生产企业、煤炭运销商（物流公司）、煤炭各类用户以及相关企业联系在一起，供应链物流信息通过平台迅速流通，企业间的资源通过平台实现共享。加快链上各企业对彼此信息的响应速度，促进供应链之间的协调管理，提高供应链的整体竞争力。

基于供应链的煤炭物流公共信息平台包括供应链的核心和上下游企业 3 个子系统。其网络结构模型如图 7-22 所示。详情如下：

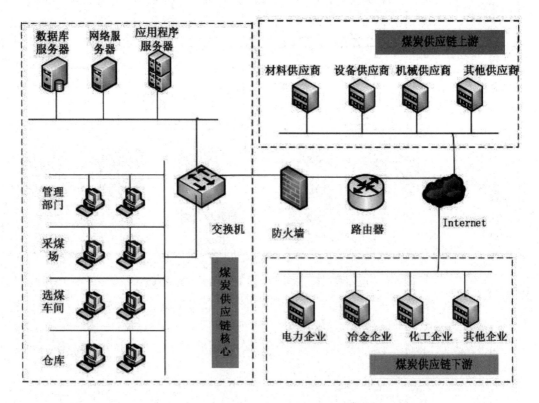

图 7-22 基于供应链的煤炭物流公共信息平台的网络结构模型

（一）煤炭供应链的核心企业子系统

煤炭企业，作为煤炭供应链的核心企业，在进行供应链信息平台建设时，应本着利用原有系统为主、分别对待的原则。好的信息管理系统可以通过升级并入到平台中，差的系统应采取逐步放弃或重新开发的方式接入平台。

煤炭企业内部供应链信息平台的子系统的设计应该打破原来的金字塔式的各职能部门结构，建立以面向业务功能为基本单元，分为不同业务逻辑模块和各子业务模块的扁平化结构。通过互联网，实现煤炭企业内部的业务处理、协同办公和信息共享，进而与外部实现信息的实时交换。

煤炭供应链核心子系统的架构以数据库服务器来存储和管理各种数据和资料，以网络服务器提供网络办公、物资、设备、生产等信息的网上浏览与查询，以应用程序服务器提供财务、决策支持、产供销业务的信息处理服务。

（二）煤炭供应链的上游企业子系统

煤炭企业通过互联网，可以最大限度地掌握煤炭物资供应信息，降低采购成本和费用，缩短库存周期，提高库存利用率，加快资金周转。平台将煤炭物资供应商、煤炭生产企业等联系起来，有利于实现供应链企业间的信息和资源共享，提高整个供应链的竞争力。

（三）煤炭供应链的下游企业子系统

煤炭企业通过平台，可以了解煤炭市场需求状况，进而预测销售量，然后根据自身的生产能力，进行生产计划的排产和调度，生产出符合用户需求的产品，实现利润最大化。

煤炭物流公共信息平台实际上是一个复杂的系统工程，就是将现有的、分散的、异构的各物流信息系统考虑进去，应用现代信息技术将一系列硬件、软件组合在一起，实现各种应用服务的集合。平台的 3 个子系统可以通过网络的门户技术进行整合。通过互联网和内部网相结合，建立集产、供、销信息为一体的门户网站，从而将煤炭供应链的核心系统和供应链上下游系统联系起来，促成供应链的全局管理，实现供应链节点间的信息共享。通过设立门户网站和身份认证平台，煤炭供应链用户可以进行供应链信息的查询、反馈和交流。

第八章　基于循环经济的煤炭绿色物流管理

第一节　基于循环经济的煤炭绿色物流理论基础

一、循环经济的内涵

　　循环经济，是通过循环来使得经济效益提高，具体就是以资源能源的高效有序利用和循环再生利用为核心；以降低利用（reduce）、重新利用（reuse）、重复循环（recycle）的"3R 原则"为思维和行动原则；以更低的投入、更低的消耗、更低的排放、更高的效率为最基本的特征。循环经济是一种可持续发展的，能够建立资源节约型和环境友好型的新型经济增长模式。在科学技术发展下，通过资源能源的投入过程改变、制造企业生产产品过程改变与创新、产品通过终端消费过程及产品变为废弃物的过程的改变，最大限度增加进入闭环的物质和循环的次数是提高循环经济效率的有效途径。降低利用的概念是指生产、流通和消费全过程中要通过各种方法降低资源的消耗和废物产生；重新利用概念指的是把废物通过转变或转化经过翻新、再加工、再生产制造后作为全新产品使用；重复循环概念是指将废物直接作为另一个循环的原材料直接加以利用，使废弃物作为原材料进入到新循环过程中去，从而变废为宝。

　　广义的循环经济本质就是通过技术创新，不断地提高资源能源利用率和废物回收率。降低利用、重新利用、重复循环就是一种系统化高效生产和产品多样化利用的一种解决方案，最终目的就是使人类经济活动向绿色化方向发展，最终进入可循环和可持续利用的过程中去，逐渐将产品从"资源—产品—废弃物"，这种单向线型物流模式，转变为"资源—产品—废弃物—再生资源"半闭环循环模式，最终达到"资源—产品—新的资源—新的产品—新的资源"的循环经济物流过程。

二、基于循环经济的物流概念及其框架

(一) 循环物流的概念

狭义的循环物流是指物流过程形成的衍生物发生的空间和时间的位置移动的循环回收系统,即包括回收、分拣、净化、提纯、商业或维修退回、包装等再加工、再利用和废弃物处理等活动在内的逆向物流或称静脉物流,仅指循环经济中的"3R 原则"而言的。而本书所指的是广义循环物流:它以最大限度地提高资源的使用效益,优化资源利用方式为核心,以提高资源生产率和降低废弃物排放为目标,以"减量化、再利用、再循环"为原则,在供应链管理、信息管理基础上,集成和整合正向物流和逆向物流的各项最优功能,以节约成本和提高竞争力的一种可持续发展的反馈式循环系统。其在物流过程中抑制物流对环境造成危害的同时,实现对物流环境的净化,使物流资源得到最充分利用。它是一个多层面物流活动的优化过程,从其范围看,它不仅包括各个单项的绿色物流作业,还包括为实现资源再利用而进行的逆物流。总的来说就是在整个供应链基础上建立的一个新物流系统,不仅要考虑单个企业的物流系统,还必须与供应链上关联者协同起来,最终建立起包括自然环境、原材料供应商、生产商、批发商、零售商和消费者在内的生产、流通、消费、信息、再利用的循环物流系统。

(二) 循环物流的本质

由上面对循环物流的定义,可以从以下几个方面分析循环物流的本质及其内涵:

1.循环物流的最终目标

循环物流的最终目标也是循环经济的根本目标:保护环境,维持经济和环境的可持续发展。循环物流亦是生态型物流,其最终目标是实现经济利益、社会利益和环境利益的统一。循环物流除了满足一般性物流活动的目标,实现企业的经济利益,满足顾客需求等主体利益外,还追求资源高效利用、保护环境这一既具有经济属性,又具有社会属性的目标。因此循环物流实际上是循环经济思想和现代物流管理理念相结合的一种现代物流观念,它在创造商品价值以满足消费者需求的同时,保持经济、自然环境和社会环境的可持续发展。

2.循环物流的活动范围

循环物流的活动范围涵盖了供应链的整个生命周期,以物流战略联盟实现规模经

济、范围经济、共生经济。企业的商业活动在从原材料获取到产品的制造、使用消费直至报废的整个供应链阶段，都会对环境有所影响。而循环物流活动按照循环经济的"3R原则"进行，既包括从大自然中获取原材料，产品的设计及开发，产品的生产、包装与再加工，运输、分销直至送达最终消费者手中的前向物流过程，也包括对退货和废物回收的逆向物流过程，从而实现物流活动在整个封闭性供应链上的绿色化、生态化管理与规划。因此，其活动范围延伸到整个供应链生命周期。当然，供应链生命周期不同阶段的物流活动也不同，其绿色化及生态化的循环物流方式也会相应不同。

3.循环物流的理论基础

循环物流的理论基础包括可持续发展理论、生态经济学理论、生态伦理学理论和循环经济理论、系统集成理论等。

第一，物流活动过程与环境之间会产生相互扰动和制约，要实现长期、持续、平衡发展，就要通过各种途径，使物流系统与环境之间形成共生发展模式。

第二，循环物流系统是通过物料流动、能量流动建立了和生态系统之间的动态平衡关系，实现生态与经济的协调发展。

第三，循环物流及其战略管理思想，从生态伦理以及系统视角对物流运行中的环境问题进行反思和控制，要关注生存环境的长久变化，而不是一味地追求眼前的经济利益。

第四，以循环经济理论为基础的循环物流，是按照生态系统物质和能量流动规律建立的物流系统，其目标就是提高资源的利用效率，废物零排放。

第五，循环物流是通过一定的制度安排，对物流系统的组成要素如功能、资源、信息、网络及流动等要素进行统一规划、管理和评价，通过实施物流要素之间的协调和配合使得所有要素能够像一个整体在运作，从而实现物流系统要素之间的联系，达到物流系统整体优化的过程。

4.循环物流的信息系统

循环物流的信息系统是一个动态的价值网络，可以通过高效率的信息共享来实现各个节点间的密切合作，控制和运作物流业务流程，提高各个节点及整个物流链的柔性，使得企业与环境之间、物流链上成员之间通过相互作用而产生多方满意的效益。

三、绿色物流的概念及特征

（一）绿色物流的概念

绿色物流（Green Logistics）是 20 世纪 90 年代中期才被提出的一个新的概念，目前，还没有一个统一的定义。

国外一些学者对绿色物流的定义有不同的描述，比较公认的定义有以下几种：一是 H.J.吴（H.J.Wu）和 S.杜恩（S.Dunn）认为绿色物流就是对环境负责的物流系统；二是让-保罗·罗德里格（Jean-Paul Rodrigue）、布莱恩·斯拉克（Brian Slack）和克劳德·科莫瓦斯（Claude Comtois）认为绿色物流是与环境相协调的物流系统，是一种环境友好而有效的物流系统；三是美国逆向物流执行委员会（Reverse Logistics Exeutive Council，简称"RLEC"）对绿色物流的定义是，绿色物流也称为"生态型的物流"（Ecological Logistics），是一种对物流过程发生的生态环境影响进行认识并使其最小化的过程；四是丹麦学者比约恩·彼得森（Bjorn Petersen）和帕勒·彼得森（Palle Petersen）出版的著作《绿色物流》（*Green Logistics*）中提出的，绿色物流就是对前向物流（Forward Logistics）和逆向物流（Reverse Logistics）的生态管理。

我国 2001 年出版的《物流术语》（GB/T18354-2001）中，对绿色物流的定义是，在物流过程中抑制物流对环境造成危害的同时，实现对物流环境的净化，使物流资源得到充分利用。也有的研究人员以可持续发展的原则为指导，给出绿色物流的定义是，以降低污染排放、减少资源消耗为目标，通过先进的物流技术和面向环境管理的理念，进行物流系统的规划、控制、管理和实施的过程。

综上所述，绿色物流的最终目标是与环境的协调一致，实现可持续发展。由于绿色浪潮中的"绿色"泛指的是保护地球生态环境的活动、行为、计划和思想观念在经济活动中的体现，是一个特定的形象用语，它包括两个方面的含义：一是创造和保护和谐的生态环境，减少对资源的占用，以保证人类和经济的可持续发展；二是依据惯例，用"绿色"表示一种合乎科学性、规范性，能保证永久通行无阻的行为。据此，笔者给出绿色物流的定义：所谓绿色物流，就是以实现经济活动与自然环境的协调统一为前提，以物流的快捷、准时为目标，以降低污染、减少成本为根本，以先进的技术和先进的管理为手段，通过对物流系统的规划、控制、管理，从而实现经济效益、社会效益与生态效益相统一的物流活动，它既包含微观层面的企业绿色物流，也包括宏观层面的区域绿色物流。

（二）绿色物流的体系构成

从微观角度看，绿色物流体系可以分为绿色供应物流、绿色生产物流、绿色销售物流以及绿色逆向物流（包括废弃物回收物流和返回品物流），其中，有学者把绿色供应物流、绿色生产物流和绿色销售物流统称为绿色正向物流，如图 8-1 所示。

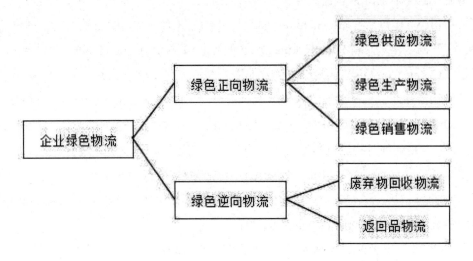

图 8-1 企业绿色物流体系构成

从宏观角度讲，物流体系的构成要素包括运输、仓储、流通加工、包装、装卸搬运、配送和废弃物处理等。要素中的各个环节都会对环境造成不同程度的影响，因此，绿色物流体系也就分为绿色运输、绿色仓储、绿色流通加工、绿色包装、绿色装卸搬运、绿色配送和废弃物回收处理，如图 8-2 所示。

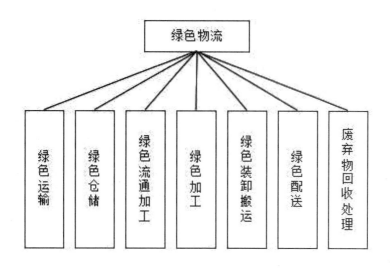

图 8-2 绿色物流体系构成要素

（三）绿色物流的特征

一般认为，绿色物流除了具有一般物流的特征外，还具有学科交叉性、多目标性、多层次性、时域性和地域性等特征。

1.学科交叉性

绿色物流是物流管理与环境科学、生态经济学的交叉。由于物流与环境之间的密切关系，在研究社会物流与企业物流时必须考虑环境问题和资源问题；又由于生态系统与经济系统之间的相互作用和相互影响，生态系统也必然会对经济系统的子系统——物流系统产生作用和影响。因此，必须结合环境科学和生态经济学的理论、方法进行物流系统的管理、控制和决策，这也正是绿色物流的研究方法。学科的交叉性，使得绿色物流的研究方法复杂，研究内容十分广泛。

2.多目标性

绿色物流的多目标性体现在企业的物流活动要顺应可持续发展的战略目标要求，注重对生态环境的保护和对资源的节约，注重经济与生态的协调发展，追求企业经济效益、消费者利益、社会效益与生态环境效益四个目标的统一。从系统论的观点看，绿色物流的多目标之间通常是相互矛盾、相互制约的，一个目标的增长将以另一个或几个目标的下降为代价，如何取得多目标之间的平衡，这正是绿色物流要解决的问题。从可持续发展理论的观点看，生态环境效益的保证将是前三者效益得以持久保证的关键所在。

3.多层次性

绿色物流的多层次性体现在以下三个方面：

第一，从对绿色物流的管理和控制主体看，可分为社会决策层、企业管理层和作业管理层等三个层次的绿色物流活动，或者说是宏观层、中观层和微观层。其中，社会决策层的主要职能是通过政策、法规的手段传播绿色理念；企业管理层的任务则是从战略高度与供应链上的其他企业协同，共同规划和控制企业的绿色物流系统，建立有利于资源再利用的循环物流系统；作业管理层主要是指物流作业环节的绿色化，如运输的绿色化、包装的绿色化、流通加工的绿色化等。

第二，从系统的观点看，绿色物流系统是由多个单元（或子系统）构成的，如绿色运输子系统、绿色仓储子系统、绿色包装子系统等。这些子系统又可按空间或时间特性划分成更低层次的子系统，每个子系统都具有层次结构，不同层次的物流子系统通过相互作用，构成一个有机整体，实现绿色物流系统的整体目标。

第三，绿色物流系统还是另一个更大系统的子系统，这就是绿色物流系统赖以生存发展的外部环境，包括法律法规、政治、文化环境、资源条件、环境资源政策等，它们对绿色物流的实施将起到约束作用或推动作用。

4.时域性和地域性

时域特性指的是绿色物流管理活动贯穿于产品的生命周期全过程，包括从原材料供应，生产内部物流，产成品的分销、包装、运输，直至报废、回收的整个过程。

绿色物流的地域特性体现在两个方面。一是指由于经济的全球化和信息化，物流活动早已突破地域限制，呈现出跨地区、跨国界的发展趋势。相应地，对物流活动绿色化的管理也具有跨地区、跨国界的特性。二是指绿色物流管理策略的实施需要供应链上所有企业的参与和响应。例如，欧洲一些国家为了更好地实施绿色物流战略，对于托盘的标准、汽车尾气排放标准、汽车燃料类型等都进行了规定，其他国家的不符合标准要求的货运车辆将不允许进入该国。跨地域、跨时域的特征也说明了绿色物流系统是一个动态的系统。

绿色物流的多目标性、多层次性和时域性地域性等特征，决定了绿色物流需要全社会的广泛参与，更需要政府的直接和间接干预，如图8-3所示。这也就提出了绿色物流的另一个重要特征，那就是政府的规制性。

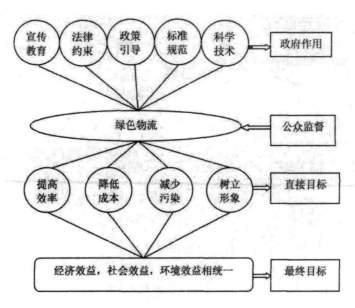

图 8-3 绿色物流作用体系

5.政府的规制性

规制（Regulation）是指依据一定的规则对构成特定社会的个人和构成特定经济主体的活动进行限制的行为。所谓政府规制可以解释为在以市场机制为基础的经济体制条件下，以纠正、解决市场机制内在问题为目的，政府干预和干涉经济主体（特别是对企业）活动的行为。由于物流对环境的影响是一种外部效应，不能依靠市场机制加以调节，就需要政府运用法律和政策加以规制。政府的规制性主要表现在以下几个方面：

第一，宣传教育。通过宣传教育，使社会树立起绿色物流的理念，达成社会共识，增加绿色物流的自觉性。

第二，法律强制。通过制定法律法规，依法规范和约束企业行为。

第三，政策引导。通过制定政策（如税收政策、财政扶持政策、激励政策等），用经济手段对企业行为加以引导。

第四，标准规范。通过制定行业物流标准，以标准化推动规范化。

第五，技术引领。绿色物流的另一个主要的特征就是技术的引领性。绿色物流从硬件上讲，需要有合理的运输网络、先进的运输工具、清洁的运输燃料、标准的包装模式、完善的仓储系统和高效的信息系统等，从软件上讲，需要有科学的运输组织、合理的运输引导等，而这些与新技术的研发和广泛应用是密不可分的。先进的技术是绿色物流的基础，绿色物流是技术的应用和体现。特别是从我国现阶段来讲，技术已经成为制约绿色物流发展的关键因素。因此，技术的引领性特征对于绿色物流的发展就显得尤为重要。

第六，科学管理。从发达国家的实践来看，政府对物流的管理集中体现在三个方面，即发生源规制、交通量规制和交通流规制。发生源规制主要对产生环境问题的来源进行管理，从当前物流发展趋势看，产生环境问题的根源是物流量的扩大以及配送服务的发展，引起在途货车增加。发生源规制的主要目标就是限制污染超标车辆上路以及促进低公害车的使用。交通量规制的主要目标是发挥政府的指导作用，推动企业从自备车运输向社会化运输体系转化，发展共同配送，建立现代化的物流信息网络等，以最终实现物流的效率化。交通流规制的主要目的是通过建立都市中心区环状道路、道路停车规则及实现交通管制的高度化等来减少交通堵塞，提高配送效率。

第二节　基于绿色度的煤炭物流企业指标体系构建

一、煤炭物流的绿色度的概念界定

国际上一般将绿色理解为生命、节能、环保三个方面。绿色的本质特征直接体现节约资源减少污染（Reduce）、绿色生活环保选购（Reevaluate）、重复使用多次利用（Reuse）、分类回收循环再生（Recycle）、保护环境和谐共存（Rescue）等方面。

狭义的绿色度可认为是对环境的影响程度或者环境友好程度。狭义的绿色度主要考虑企业的生产活动对环境的影响，认为企业的生产经营活动对环境影响越小，企业的绿色度就越高，反之则越低。为了更全面地反映企业的绿色化程度，在这里可以引入广义绿色度的定义。广义的绿色度包含多个维度，例如考察产品绿色度可以从产品技术先进性、经济效益合理性以及环境协调性等多个维度进行综合评价。同时应该注意绿色度是一个动态的概念，它随着时间的推移不断改善。伴随着技术的提高、环保意识的增强，各国对环保标准也会不断提高。因此绿色度是一个相对的概念，是相对于一定时间段内的环境氛围、环境标准或法规标准而言的，具有时效性。

因此，笔者认为绿色度的定义：假如从 n 维属性对绿色度进行综合评价，其绿色度可表示为 $G=f(x_1, x_2, \cdots, x_n, t)$。式中 G 表示绿色度；f 是 $x_1, x_2, \cdots, x_n$ 关于 t 的函数；x_q 表示关于绿色度的第 q 维属性值 $q=1, 2, 3\cdots n$；t 表示时间维度。

二、煤炭物流的环境影响分析

人类的环境可以分为自然环境和社会环境两大类。自然环境包括大气环境、水环境、生物环境、地质和土壤环境以及其他自然环境；社会环境则包括居住环境、生产环境、交通环境、文化环境和其他社会环境。以往，人们更多关注和解决的是煤炭开采、加工和消费等环节对环境的影响问题，而忽视了煤炭物流对环境的影响问题；近年来，虽然说人们逐步开始关注煤炭物流对自然环境的污染问题，但同时也忽视了煤炭物流对社会环境的影响问题。事实上，煤炭产业对环境的影响是全过程的，既包括煤炭的开采和加工，也包括煤炭的运输和消费。同时，煤炭产业对环境的影响也是全方位的，既包括对自然环境如水、土壤、大气、噪声的污染，也包括对社会环境如产业结构、社会效率及对外形象等的影响。要全面分析煤炭物流对环境的影响，就必须从自然环境和社会环境两个方面同时入手，方可得出全面、科学的结论。

从自然环境方面讲，煤炭物流造成的影响主要表现在两个方面：一是煤炭本身的影响，如抛撒污染、扬尘污染等，二是运输工具造成的污染，如大气污染、噪声污染等。从社会环境方面讲，煤炭物流造成的影响主要表现在三个方面：一是对经济结构的制约，二是造成社会资源的浪费，三是对人文环境的影响。如图 8-4 所示。

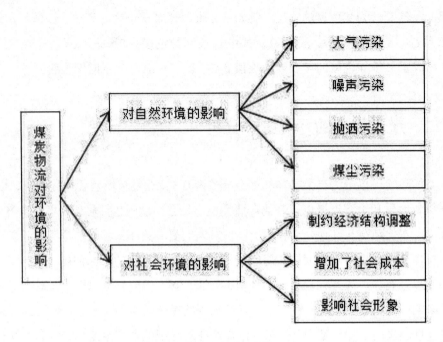

图 8-4 煤炭物流对环境的影响

（一）煤炭物流对自然环境的影响

如上文所述，煤炭物流对自然环境造成的影响主要有两个方面：一方面是与其他物流相类似的由运输工具造成的污染，如大气污染和噪声污染等；另一方面是由产品特性造成的煤炭物流所特有的污染，如煤尘污染和抛洒污染等。

1.大气污染和噪声污染

煤炭物流在为经济发展提供必需能源的同时，也对自然环境特别是大气和噪声环境带来了一定程度的负面影响。这些影响不仅涉及煤炭的运输环节，还包括煤炭的装卸、存储等环节。

（1）大气污染

煤炭在运输过程中容易产生煤尘，这些煤尘会随风扩散到周围环境中，对人类健康和生态环境造成影响。煤尘中含有的硫化物、重金属和多环芳烃等有害物质可以导致呼吸系统疾病，甚至引发心脑血管疾病。此外，在露天堆放或简易仓库中的煤炭在风吹日晒下也会产生煤尘，加剧大气污染。

煤炭物流中另一个大气污染源是运输工具的尾气排放。煤炭运输依赖于火车、货车、船舶等，这些运输方式多使用燃油动力，燃油燃烧产生的二氧化硫、氮氧化物、一氧化碳、颗粒物等排放物，对大气质量造成显著影响。特别是在运输密集区域，这些排放物会显著提高当地的空气污染水平，影响城市空气质量，甚至形成烟雾天气。

（2）噪声污染

在煤炭物流过程中，噪声污染同样不容忽视。装载、卸载煤炭所使用的机械设备，如装载机、卸载带、输送带等，在运行过程中会产生较大的噪声。长时间的、高分贝的噪声可以对周边居民的日常生活造成严重干扰，影响居民的睡眠和休息质量，甚至可能引发听力下降等健康问题。

运输工具本身也是噪声的来源。例如，燃油卡车的发动机运转声、火车的行驶声和响笛声、船舶的引擎声等，都会对周围环境产生噪声影响。在港口、铁路沿线、货车频繁经过的路段，这种噪声污染尤为突出。

2.抛撒污染

由于运输过程的不封闭，导致煤炭的抛撒现象严重。以电气化运煤专线大秦铁路为例，其有 52 座隧道，绝大部分长度大于 1 000 米。列车通过隧道时，即使在装载货物高度低于车厢 15 厘米的情况下，直径较大（2 厘米～5 厘米）的煤粒也能吹出车外，煤粒的厚度在隧道进口处以每月约 20 厘米的速度增加。隧道内的煤尘浓度令人窒息，能见度极低，严重影响了洞内设备的正常运行和铁路职工的身心健康，也带来了严重的安全隐患。特别是列车经历六次提速后，煤炭运输过程中散落现象严重，不仅造成了大量的经济损失，还带来一定的环境污染和安全隐患。

3.煤尘污染

煤炭在运输过程中，沿路抛撒产生了大量煤尘。据统计，煤炭运输损耗一般都在 2%～3%，最高达 6%，以我国每年煤炭产量 1 400 吨计算，仅运输损耗就高达 28 吨～42 吨，对环境污染的程度和造成的损失十分惊人。煤炭储运形成的环境污染问题主要来自其储、装、运过程中产生的煤尘飞扬对矿区及运输线路两侧生态环境的污染，如表 8-1 所示。

表 8-1 煤炭储运造成的环境影响（单位：年）

类别	煤炭自燃有害气体排放量	贮煤产生煤尘	输煤扬尘	煤堆降尘洒水、淋溶水
对环境的影响	20 万～30 万吨（SO_2，CO_2，CO）	1000 万吨	1100 万吨（2000 年）经济损失 12 亿元	酸性水质污染

（二）煤炭物流对社会环境的影响

煤炭物流对社会环境的影响主要表现在以下几个方面：

1.制约了经济结构的调整和发展

由于煤炭资源的分布不均，煤炭物流通常需要长距离、大规模的运输。然而，运输能力的限制，尤其是铁路运力的紧张，使得煤炭物流难以满足高效、灵活的需求，从而制约了经济结构的调整和优化。

同时，煤炭物流的高成本也限制了其他产业对煤炭的利用，使得产业结构难以向更加多元化、高效化的方向发展。

2.增加了社会支出

第一，环境治理成本。煤炭物流过程中产生的环境污染问题需要投入大量的资金进行治理。政府需要投入资金建设环保设施、治理污染源和修复受损环境等，这些支出增加了社会的经济负担。同时，企业也需要承担一定的环保责任，投入资金进行污染治理和减排措施的实施，这进一步增加了企业的运营成本和社会支出。

第二，基础设施投入。为了满足煤炭物流的需求，需要建设大量的基础设施，如铁路、公路、港口和仓库等。这些基础设施的建设需要投入大量的资金和时间，增加了社会的经济支出。基础设施的维护和运营也需要持续地投入，这使得社会在煤炭物流方面的支出不断增加。

第三，社会成本。煤炭物流过程中还可能引发一些社会问题，如交通事故、环境污染引发的健康问题和社会矛盾等。这些问题需要政府和社会投入大量的资源进行解决和处理，从而增加了社会的成本支出。

3.影响了社会形象

煤炭运输带来的环境污染问题，如扬尘、噪声等，严重影响了城市的形象和面貌。这不仅降低了城市的宜居性，也影响了城市的吸引力和竞争力。

三、基于绿色度的煤炭绿色指标体系构建

煤炭物流的非绿色因素体现在两个方面,一是回采利用率较低。煤炭产业平均物流回收利用率平均仅为30%,煤炭生产过程中的共生矿物利用效率只有15%,煤炭的开采过程中有很多有价值的物质没有合理利用,造成了资源的普遍浪费,有价值的资源也变成了废弃物。二是煤炭在运输过程中同样造成很严重的污染。那么,科学地判定煤炭物流是否达到预期的目标,评定煤炭物流的绿色程度,保证从开采、回采、生产、运输、销售、使用和产生的污染物的有效回收,都需要建立一套科学的、完整的、规范的、标准的适合煤炭物流特征的绿色评价指标体系。

评价指标体系的构建是煤炭绿色物流综合评价的重要环节。评价指标的选择直接关系到评价结果能否全面准确地反映煤炭物流绿色度的现状,从而形成对其正确的判断。

(一)评价指标体系的设计原则

煤炭物流系统绿色度的评价指标体系的设计要遵循综合指标体系设计的一般原则。

1.科学性原则

评价指标体系要建立在科学、合理的基础上,能充分反映煤炭绿色物流的内在机制,指标含义必须简单明了,测算方法必须标准,统计计算方法必须规范,能全面综合地反映物流系统绿色度的含义和管理目标的实现程度。

2.可比性原则

评价指标体系必须在各个方面具有通用性和可比性。指标尽可能采用通用的名称、概念与计算方法,评价的内容尽可能剔除不确定性因素和特殊条件环境因素的影响。

3.可操作性原则

评价指标体系最终要被决策者所使用,要反映煤炭物流发展的现状和趋势,为政策制定和科学管理服务,因此指标体系的建立要考虑可操作性原则,每一个指标要有明确的定义、明显的对象、明确的边界,不能太抽象、太概念化;各个指标之间要有明确界限,不可相互重复或彼此重叠;另外指标要易于量化、易于数据收集,具有可评价性。

4.定性指标和定量指标相结合原则

评价指标体系应尽可能量化,但对于一些难以量化、意义又很重大的指标,也可以用定性指标来描述。定性指标也应该有量的概念,至少可以用等级等来定量化,可以进

行运算和分析。

5.动态性原则

考虑到物流系统的跨时域特点，物流系统绿色度评价也需要通过一定的时间尺度才能得到反映，因而指标的选择要求充分考虑到动态变化的特点，要能较好地描述、刻画与度量未来的发展或发展趋势。

（二）评价指标的选择

基于对煤炭物流系统绿色度概念的界定，笔者认为除了传统的系统全面性、代表简洁性、易操作、通用性，以及动态和扩展功能之外，还必须考虑国家政策的影响、煤炭自身特征的影响、企业战略资源的配置、煤炭物流的全程跟踪。与传统企业物流运作模式相比，煤炭物流企业具有自身特有的性质：

第一，煤炭物流的绿色伴随煤炭从开采到消亡的整个生命周期，且每一阶段，都有可能伴随着对自然资源的浪费，生态环境的破坏，自然环境的高度污染。

第二，煤炭作为一种特殊的商品，供需分布格局不均衡，铁路运力不足，需要国家一方面大力加强铁路、公路、水路等煤炭物流基础设施建设，另一方面必须实现供应链的统筹管理。

第三，煤炭作为不可再生的商品，本质上就要求国家政府从战略的宏观的角度，煤炭企业集团从动态的战略的角度，掌握煤炭物流的整体运营情况，保护资源，珍惜资源，保护环境，最大强度地实现资源的利用和再利用率，提高煤炭资源的附加价值。

第四，煤炭特有的形成环境、储存特征，造就了煤炭的物流过程一定伴随着非绿色因素的产生。

第五，随着煤炭价格的不断上升，必须建立一套完善的法律政策制度。

因此，评价区域性煤炭物流的绿色度，应该从国家和地方政府相关政策法规的环境政策，社会属性、煤炭物流运输属性、煤炭物流资源特征属性、煤炭开采流程属性、煤炭物流成本属性等几个方面入手，并针对每个方面确定具体的评价指标。如表8-2所示。

表 8-2 基于绿色度的煤炭物流综合评价指标体系

绿色度 U			
	环境政策，社会属性 U_5	绿色技术创新 U_{53}	绿色技术利用率 U_{532}
			绿色研发投入比例 U_{531}
		绿色管理水平 U_{52}	合作伙伴绿色度 U_{522}
			绿色管理认证 U_{521}
			绿色管理人员比例 U_{521}
		企业绿色文化 U_{51}	员工绿色意识 U_{513}
			环保投入比例 U_{512}
			企业绿色声誉 U_{511}
	煤炭物流运输属性 U_4 噪声污染度 U_{44} 水体污染度 U_{43}	固体污染度 U_{42}	地质破坏 U_{422}
			煤矸石比例 U_{421}
		大气污染度 U_{41}	有毒气体排放评价 U_{413}
			颗粒物排放评价 U_{412}
			废气排放评价 U_{411}
	煤炭物流资源 特征属性 U_3	回收物流状况 U_{33}	回收物流收益率 U_{332}
			回收物流效率 U_{331}
		资源使用状况 U_{32}	设备利用率 U_{324}
			原煤回收使用率 U_{323}
			原煤清洁度 U_{322}
			原煤利用率 U_{321}
		能源使用状况 U_{31}	设备自动化程度 U_{314}
			能源清洁度 U_{313}
			能源节约率 U_{312}
			能源利用率 U_{311}
	煤炭开采流程属性 U_2 柔性程度 U_{25} 信息共享度 U_{23}	服务水平 U_{24}	平均等待时间 U_{245}
			客户满意度 U_{244}
			准时交货率 U_{243}
			订单完成率 U_{242}
			产品合格率 U_{241}

绿色度 U	煤炭开采流程属性 U_2 柔性程度 U_{25} 信息共享度 U_{23}	运营状况 U_{23}	仓储利用率 U_{234}
			产需率 U_{233}
			产销率 U_{232}
			准时运输率 U_{231}
		总运作成本 U_{21}	污染治理成本 U_{215}
			信息成本 U_{214}
			人力资源成本 U_{213}
			运输成本 U_{212}
			库存成本 U_{211}
	煤炭物流成本属性 U_1 偿债能力 U_{13}	发展能力 U_{14}	可持续增长率 U_{143}
			利润增长率 U_{142}
			销售增长率 U_{141}
		资本效益 U_{12}	销售利润率 U_{122}
			资产报酬率 U_{121}
		资本运营 U_{11}	资金周转率 U_{112}
			资产负债率 U_{111}

第三节 基于模糊综合评判法的
煤炭物流企业绿色度评价模型

系统评价是方案优选和决策的基础。基于本章第二节构建的煤炭物流企业绿色度指标体系，本节利用模糊综合评判的方法，建立一套煤炭物流企业绿色度评价模型，作为煤炭物流企业的绿色度衡量的一个标准。依据煤炭物流特有的生命周期，将其分为开采物流、产品物流、运输物流、产品的使用和废物的回收利用等五个阶段。在各个阶段，每种因素发生的可能性、可以控制的难易程度、对煤炭物流绿色度作用的大小均不同。同时，在这些影响因素里面，有些可以定量的客观描述，还有一些影响因素只能从定性方面给予相对主观的比较判断。

一、模糊综合评判法

模糊综合评价法是依托于模糊数学原理，运用模糊集理论对某一考核系统进行综合评价的一种方法。它通过对复杂的项目的目标分解，将子项目的风险度，通过自然语言和模糊数学语言的描述，将社会生活问题、经济管理问题、工程建设问题转化为数学模型、结构模型、仿真模型、动力学模型，使决策者从定量的角度来评价问题。该方法尤其适用于结构复杂且缺乏数据支撑的工程问题或者管理问题。其工作的基本原理如图8-5所示。

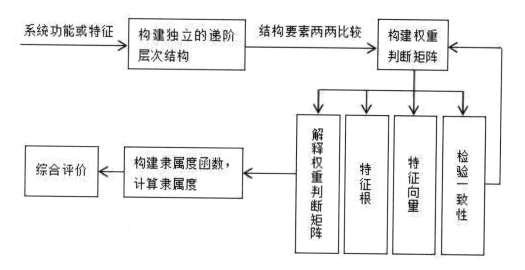

图 8-5 模糊综合评价法工作基本原理

其中，隶属度是用来描述意识模型与客观事实之间差异的中间过渡，是精确性对模糊性的一种逼近。数学描述为对于论域 U，A 为其模糊子集，即 $A \subseteq U$。对于 $\forall x \in U$，定义 $\mu_A(x) \in [0,1]$，$\mu_A(x)$ 称为 x 为 A 的隶属度。映射 $\mu_A : U \to [0.1]$ 使得

$\mu_A : x \rightarrow \mu_A(x)$，叫作 x 的隶属函数。确定隶属函数的方法有模糊统计、对比排序、专家打分等。其中模糊统计法就是通过模糊统计试验来确定隶函数关系。对论域 U 上的某一点 μ_0 来说，其隶属频率为 $\mu = \dfrac{\mu_0}{n}$，其中 μ_0 为包含的区间数（隶属次数），n 为参加调查的人数。

二、基于模糊综合评判法的煤炭物流企业绿色度评价模型构建

由于煤炭物流系统本身结构比较复杂，影响其绿色度的因素很多。必须根据它们的特点对各个影响因素划分若干个层次，并对各层次的因素划分评判等级，上一层次与下一层次划分要有对应关系，以便数学处理运算，并确定各因子的隶属函数，求得各层次的模糊矩阵。

评判模型按下面几个步骤构成：首先进行最低层次的模糊综合评判，然后将最低层次的评判结果构成上一层次的模糊矩阵，再进行上一层次的模糊综合评判，自底而上逐层进行模糊综合评判，最终可得到供应链风险的综合评价结果。基于模糊综合评判法的煤炭物流企业绿色度评价模型构建基本步骤如下：

步骤一：构建煤炭物流绿色度评价指标集合、煤炭物流绿色度影响指标集合以及煤炭物流绿色度评价尺度集合。

U 包括 n 个子集 U_1，U_2，$\cdots$，U_n，$\bigcup\limits_{i=1}^{n} U_j = U , U_i \bigcap U_j = \varphi , 1 \leqslant i , j \leqslant n$，且 $i \neq j$，

由 U_1，U_2，$\cdots$，U_n 均为评价的对象，即构成一个因素集：$U = \{U_1$，U_2，$\cdots$，$U_n\}$。同时建立评语集：$E = \{e_1$，e_2，$\cdots$，$e_n\} = \{$很差，较差，一般，中等，良好，优秀$\}$，所对应评价分数集为 $C = \{10$，30，50，70，85，$100\}$。

步骤二：确定基于煤炭物流绿色度的评价模型层次结构。

A 层（目标层）：$U = \{$绿色度$\}$；

B 层（准则层）：$U = \{u_1, u_2, \cdots, u_n\} = \{$煤炭物流成本属性，煤炭开采流程属性，

煤炭物流资源特征属性，煤炭物流运输属性，环境政策社会属性}；

C层（指标层）

一级指标层：

$u_1 = \{u_{11}, u_{12}, u_{13}, u_{14}\}$ ＝{资本运营，资本效益，偿债能力，可持续发展能力}；

$u_2 = \{u_{21}, u_{22}, u_{23}, u_{24}, u_{25}\}$ ＝{总运营成本，运营状况，信息共享度，服务水平，敏捷性与柔性}；

$u_3 = \{u_{31}, u_{32}, u_{33}\}$ ＝{资源使用状况，能源使用状况，回收物流状况}；

$u_4 = \{u_{41}, u_{42}, u_{43}, u_{44}\}$ ＝{大气污染度，固体污染度，水体污染度，噪声污染度}；

$u_5 = \{u_{51}, u_{52}, u_{53}\}$ ＝{企业绿色文化，绿色管理水平，绿色技术创新}。

步骤三：煤炭绿色物流指标数据的无量纲化处理。

无量纲化处理，就是通过一定的数学变换来消除指标量纲影响，将影响煤炭物流绿色度的各个评价指标数值进行标准化、规范化处理。其目的就是把特征、性质、意义、量纲等不同的指标转化为可以进行综合评价的量化指标。从而使得各个指标之间可以两两比较。

由本章第二节煤炭绿色物流指标体系的构建可知，该评价指标体系中不但包含多种不同性质、不同类别、不同属性的指标，而且各类别或者同一类别中各绿色度评价指标的特征意义、经济意义、存在意义、影响意义、选取指标属性等都不相同，使得各个指标的量纲和其取值标准有的是采用绝对数指标，有的采用相对数指标，还有的是平均数指标。同时，对于煤炭绿色度的影响作用的趋势也不相同，比如，有的为正向指标，有的为逆向指标，还有的为适度影响指标。其中，影响正向的指标一般要求其指标数值越大越好，影响为逆向的指标适度指要求其数值越小越好，而影响适中的指标数值，也取其中间值为最好。也就是说，由于各个指标之间不具有可比性，必须进行无量纲化处理，以消除各个指标量纲的影响。

正向指标的模糊量化模型：该类指标对煤炭物流绿色度总目标的贡献率随着评价结果的增加而增大，其评价结果显示为单调递增函数。模糊量化数学模型如下：

$$\overset{-(l)}{x_{ijk}} = \begin{cases} 1, x_{ijk}^{(l)} \geqslant x_{ijk\max} \\ \dfrac{1}{2} + \dfrac{1}{2}\sin\left[\dfrac{\pi}{x_{ijk\max} - x_{ijk\min}}\left(x_{ijk}^{(l)} - \dfrac{x_{ijk\max} + x_{ijk\min}}{2}\right)\right], x_{ijk\min} \leqslant x_{ijk}^{(l)} \leqslant x_{ijk\max} \\ 0, x_{ijk}^{(l)} \leqslant x_{ijk\min} \end{cases}$$

式中：$\overset{-(l)}{x_{ijk}}$ 表示第一个 l 样本在第 i 属性的第 j 项二级指标第 k 个三级指标无量纲处理后的值；$x_{ijk\max}$ 表示对第 i 属性的第 j 项二级指标第 k 个三级指标评价时，采用的评分值的最大值；$x_{ijk\min}$ 表示对第 i 属性的第 j 项二级指标第 k 个三级指标评价时，采用的评分值的最小值。

负向指标的模糊量化模型：该类指标对煤炭物流绿色度总目标的贡献率随着评价结果的增大而减少，其评价结果显示为单调递减函数。模糊量化数学模型如下：

$$\overset{-(l)}{x_{ijk}} = \begin{cases} 1, x_{ijk}^{(l)} \leqslant x_{ijk\min} \\ \dfrac{1}{2} - \dfrac{1}{2}\sin\left[\dfrac{\pi}{x_{ijk\max} - x_{ijk\min}}\left(x_{ijk}^{(l)} - \dfrac{x_{ijk\max} + x_{ijk\min}}{2}\right)\right], x_{ijk\min} \leqslant x_{ijk}^{(l)} \leqslant x_{ijk\max} \\ 0, x_{ijk}^{(l)} \geqslant x_{ijk\max} \end{cases}$$

适度指标的模糊量化模型：该类指标对煤炭物流绿色度总目标的贡献率随着评价结果取值的不同范围内，其存在最低点或者最高点。也就是说适度指标的评价结果显示为不是严格的单调函数，存在最佳位置点。模糊量化数学模型如下：

$$\overset{-(l)}{x_{ijk}} = \begin{cases} \dfrac{1}{2} + \dfrac{1}{2}\sin\left[\dfrac{\pi}{x_{ijk\max} - x_{ijk\min}}\left(x_{ijk}^{(l)} - \dfrac{x_{ijk\max} + x_{ijk\min}}{2}\right)\right], x_{ijk\min} \leqslant x_{ijk}^{(l)} \leqslant x_{ijk\bmod} \\ \dfrac{1}{2} - \dfrac{1}{2}\sin\left[\dfrac{\pi}{x_{ijk\max} - x_{ijk\min}}\left(x_{ijk}^{(l)} - \dfrac{x_{ijk\max} + x_{ijk\min}}{2}\right)\right], x_{ijk\bmod} \leqslant x_{ijk}^{(l)} \leqslant x_{ijk\max} \\ 0, x_{ijk}^{(l)} \geqslant x_{ijk\max} \, or \, x_{ijk}^{(l)} \leqslant x_{ijk\min} \end{cases}$$

式中，$x_{ijk\bmod}$ 表示第 i 属性的第 j 项二级指标第 k 个三级指标的适度值。

煤炭绿色物流定性指标的无量纲化处理方法是：将影响煤炭物流绿色度的各类指标因素发生可能性，与评价集各元素的影响程度的级别定义为评语集合 B，各元素分别给予相应量值，表示评价集合中各类指标的模糊语义与煤炭绿色物流绿色度影响可能性数值大小的一一对应。即 $B=$（好，较好，中等，一般，差，较差），量值 $B=\{b_1, b_2, b_3, b_4, b_5, b_6\}$。根据评定规则，将绿色度所处的两个级别之间按照比例进行取值。

步骤四：确定权重。采用文献调查和专家打分的方法，采用层析分析法中的 $1\sim9$ 级标度法，得到专家判断矩阵。如表 8-3 所示。

表 8-3 层次分析法专家判断矩阵

指标重要性对比	a_{ij} 赋值
i 元素与 j 元素有同样的重要性	1
i 元素比 j 元素稍重要	3
i 元素比 j 元素明显重要	5
i 元素比 j 元素强烈重要	7
i 元素比 j 元素极端重要	9
表示上述相邻判断的中间值	2，4，6，8
元素 i 与元素 j 的重要性之比 与元素 j 与元素 i 的重要性之比互为倒数	倒数

假定煤炭物流绿色度评价目标元素为 C_k，则与其相关联的元素 A_1，A_2，A_3，$\cdots$，A_n 都具有支配关系。设为准则层，则第 P 位专家的判断矩阵为：

$$T_P = \begin{bmatrix} a_{11}^{(p)} & a_{12}^{(p)} & \cdots & a_{1n}^{(p)} \\ a_{21}^{(p)} & a_{22}^{(p)} & \cdots & a_{2n}^{(p)} \\ \vdots & \vdots & \ddots & \vdots \\ a_{n1}^{(p)} & a_{n2}^{(p)} & \cdots & a_{nn}^{(p)} \end{bmatrix}$$

其中，$a_{ij}^{(p)} > 0$，$a_{ij}^{(p)} = 1/a_{ij}^{(p)}$，$a_{ij}^{(p)} = 1$。

步骤五：统计数据，进行指标相对重要度的均值和方差计算。

$$\overline{a_{ij}} = \frac{1}{s} \sum_{p=1}^{s} a_{ij}^{(p)}$$

$$d_{ij} = \frac{1}{s} \sum_{p=1}^{s} \left(a_{ij}^{(p)} - \overline{a_{ij}} \right)^2$$

S 为咨询专家数目。得到专家评分判断矩阵。

步骤六：计算判断矩阵的特征根与最大特征值 $\lambda_{\max}$。

$$
\begin{array}{cccccc}
C_k & A_1 & A_2 & \cdots & A_n \\
A_1 & a_{11} & a_{12} & \cdots & a_{1n} \\
A_2 & a_{21} & a_{22} & \cdots & a_{2n} \\
\\
A_n & a_{n1} & a_{nw} & \cdots & a_{nn}
\end{array}
$$

$$AV = \lambda_{\max} V$$

归一化处理的特征向量 $V = \left(v_1, v_2, \cdots, v_n \right)^T$ 作为相关联的层次元素 A₁，A₂，A₃，…，

An 对于绿色度评价目标元素为 C_k 的权重。

步骤七：引入一致性指标 C·I，结合平均随机一致性指标 RI，进行一致性检验。如表 8-4 所示。

$$\mathrm{C \cdot I} = \left(\lambda_{\max} - n \right) / \left(n - 1 \right)$$

表 8-4 平均随机一致性指标 RI

N	1	2	3	4	5	6	7	8	9
RI	0	0	0.58	0.90	1.12	1.24	1.32	1.41	1.45

C·R = C·I / R·I，若 C·R < 0.1，则满足一致性，否则，需要修正。由此，可得到各类元素间的权重。

步骤八：各类定性指标隶属度的计算。

采用模糊综合决策评判法来确定各类定性指标之间的函数关系。假设评语集为

$E=\{e_1, e_2, \cdots, e_n\}=\{$很差，较差，一般，中等，良好，优秀$\}$，其语义评价数值表现为 $E=\{100, 85, 70, 50, 30, 10\}$。以事先约定的评价集合 E 为基准，对各类评价指标分等级，再依次统计各评价指标因素隶属于各类评价等级的综合频数，记为：

$$R_{ij}^{(l)} = m_{ij}^{(l)} / s$$

$R_{ij}^{(l)}$ 表示评价因素指标 $C_{ij}^{(l)}$ 隶属于 E_l 等级的隶属度。

$R_{ij}^{(l)}$ 可表示为

$$R_{ij}^{(l)} = R_{ij}^{(1)} / e_1 + R_{ij}^{(2)} / e_2 + \cdots + R_{ij}^{(6)} / e_6$$

步骤九：各类定量指标隶属度的计算

正向指标的隶属度计算模型：

$$R_{ijk}^{(1)} = \begin{cases} 1 & c_{ijk} \geqslant b \\ (c_{ijk} - y_4) / d & b > c_{ijk} > y_4 \end{cases}$$

$$R_{ijk}^{(l)} = \begin{cases} (y_{6-l+1} - c_{ijk}) / d & y_{6-l+1} > c_{ijk} \geqslant y_{6-l} \\ (c_{ijk} - y_{6-l-1}) / d & y_{6-l} > c_{ijk} > y_{6-l-1} \end{cases}$$

$$R_{ijk}^{(l)} = \begin{cases} (y_1 - c_{ijk}) / d & y_1 > c_{ijk} \geqslant a \\ 1 & c_{ijk} < a \end{cases}$$

负向指标的隶属度计算模型：

$$R_{ijk}^{(1)} = \begin{cases} 1 & c_{ijk} < b \\ (c_{ijk} - y_4) / d & b \leqslant c_{ijk} < y_4 \end{cases}$$

$$R_{ijk}^{(l)} = \begin{cases} (y_{6-l+1} - c_{ijk}) / d & y_{6-l+1} \leqslant c_{ijk} < y_{6-l} \\ (c_{ijk} - y_{6-l-1}) / d & y_{6-l} \leqslant c_{ijk} < y_{6-l-1} \end{cases}$$

$$R_{ijk}^{(l)} = \begin{cases} (y_1 - c_{ijk}) / d & y_1 \leqslant c_{ijk} < a \\ 1 & c_{ijk} \geqslant a \end{cases}$$

适度指标的隶属度计算模型：

$$R_I = \begin{bmatrix} R_{i1}^{(1)} & R_{i1}^{(2)} & \cdots & R_{i1}^{(6)} \\ R_{i2}^{(1)} & R_{i2}^{(2)} & \cdots & R_{i2}^{(6)} \\ \vdots & \vdots & \ddots & \vdots \\ R_{in_j}^{(1)} & R_{in_j}^{(2)} & \cdots & R_{in_j}^{(6)} \end{bmatrix}, i = 1, 2, \cdots, n$$

步骤十：煤炭物流绿色度模糊综合评价。

选定适合于煤炭物流绿色度的模糊综合评价合成算子，就可进行最后的综合评价。其中，第 i 个影响煤炭物流绿色度属性的模糊综合评价计算为：

$$b_{ij} = w_{ij} \bullet r_{ij}^T = (w_{ij1}, w_{ij2}, \cdots w_{ijn_j})$$

其中，

$$R_i = [b_{i1}], B_i = W_i \bullet R_i^T$$

煤炭物流目标层绿色度的模糊综合评价结果为：

$$B^0 = S^0 \bullet R$$

三、计算结果

依据构建的基于模糊层次评判法煤炭物流企业绿色度评价模型，笔者对煤炭企业绿色度给予定量计算，依据煤炭物流绿色度评价指标体系模型构建步骤，将每一步的结果计算如下：

第一，煤炭物流绿色度各类指标的参考基准依据文献调查和专家打分统计结果，以及煤炭物流行业调查、煤炭物流绿色度本身特点。如表 8-5 各类指标的参考基准所示。

表 8-5 各类指标的参考基准

一级	二级	三级	指标类型	最低值	适度值	最高值	实际值
U_1	u_{11}	u_{111}	定量（正）	0		4	3.7
		u_{112}	定量（正）	0		6	5.3
	u_{12}	u_{121}	定量（正）	5%		35%	25.3%
		u_{122}	定量（正）	5%		50%	38.6%
	u_{13}	u_{131}	定量（逆）	80%		20%	33.5%
	u_{14}	u_{141}	定量（正）	0%		100%	89.7%
		u_{142}	定量（正）	0%		150%	135.8%
		u_{143}	定量（正）	0%		50%	41.2%
U_2	u_{21}	u_{211}	定量（逆）	20%		5%	6.8%
		u_{212}	定量（逆）	40%		10%	13.2%
		u_{213}	定量（逆）	15%		3%	4.1%
		u_{214}	定量（适度）	0%	15%	30%	13.9%
		u_{215}	定量（适度）	0%	15%	30%	16.5%
	u_{22}	u_{221}	定量（正）	60%		100%	99.4%
		u_{222}	定量（正）	50%		100%	97.9%
		u_{223}	定量（正）	50%		100%	98.5%
		u_{224}	定量（正）	30%		100%	94.8%
	u_{23}	u_{231}	定量（正）	10%		100%	96.5%
	u_{24}	u_{241}	定量（正）	60%		100%	88.9%
		u_{242}	定量（正）	60%		100%	92.3%
		u_{243}	定量（正）	60%		100%	93.7%
		u_{244}	定量（止）	60%		100%	86.1%
		u_{245}	定量（逆）	7			1.9
	u_{25}	u_{251}	定性	很差		优秀	
U_3	u_{31}	u_{311}	定量（正）	0%		100%	91.8%
		u_{312}	定量（正）	0%		100%	87.6%
		u_{313}	定量（正）	0%		100%	91.2%
		u_{314}	定量（正）	0%		100%	97.4%

一级	二级	三级	指标类型	最低值	适度值	最高值	实际值
	u_{32}	u_{321}	定量（正）	0%		100%	97.4%
		u_{322}	定量（正）	0%		20%	18.2%
		u_{323}	定量（正）	0%		100%	87.4%
		u_{324}	定量（正）	0%		100%	90.3%
U_4	u_{41}	u_{411}	定性	很差		优秀	
		u_{412}	定性	很差		优秀	
		u_{413}	定性	很差		优秀	
	u_{42}	u_{421}	定量（逆）	25%		0%	3.6%
		u_{422}	定量（逆）	25%		0%	2.8%
	u_{43}	u_{431}	定性	很差		优秀	
	u_{44}	u_{441}	定性	很差		优秀	.
U_5	u_{51}	u_{511}	定性	很差		优秀	21.6%
		u_{512}	定量（正）	0%		25%	
		u_{513}	定性	很差		优秀	
	u_{52}	u_{521}	定量（正）	0%		30%	27.2
		u_{522}	定量（正）	0		5	4.4
		u_{523}	定量（正）	0		100	88.5
	u_{53}	u_{531}	定量（正）	0%		30%	26.9%
		u_{532}	定量（正）	0%		100%	93.4%

第二，煤炭物流绿色度评价等级集合构建。本模型采用的评价词语为 B={好，较好，中等，一般，差，较差}，设定评价等级集合为 B={b_1，b_2，b_3，b_4，b_5，b_6}。按百分制评分，对应量化的评价等级行向量为 C={100，85，70，50，30，10}。

第三，煤炭物流绿色度指标权重集合的确定，严格参照基于模糊综合评判法的煤炭物流企业绿色度评价模型构建步骤四确定权重的内容。

第四，煤炭物流绿色度各层指标权重系数的确定，参照表8-3各类指标的参考基准，借助于层次分析法计算，该判断矩阵的最大特征值 $\lambda_{max} = 5.028$，归一化处理得到二级指标的权重向量为 W_2={0.1662，0.0866，0.4106，0.191，0.1546}经一致性检测，

$C \cdot I = (\lambda_{\max} - n) / (n-1) = 0.002 < 0.1$，结果表明矩阵的一致性是可以接受的。同理可得：

$$W_1 = (0.2233, 0.1937, 0.3255, 0.2575)$$
$$W_3 = (0.2424, 0.2836, 0.4740)$$
$$W_4 = (0.2236, 0.2251, 0.3049, 0.2464)$$
$$W_5 = (0.4096, 0.2897, 0.3007)$$

重复上述步骤，可求得关于目标层绿色度的组合权重向量：

$$W= (0.2430, 0.2610, 0.1453, 0.2155, 0.1352)$$

第五，煤炭物流绿色度各类指标隶属度确定，参照基于模糊综合评判法的煤炭物流企业绿色度评价模型构建步骤九，计算得到各指标的隶属度。整理如下：

煤炭物流绿色度成本属性指标隶属度：

$$r_{11} = \begin{bmatrix} 0.000 & 0.000 & 0.000 & 0.000 & 0.374 & 0.626 \\ 0.000 & 0.000 & 0.000 & 0.000 & 0.582 & 0.418 \end{bmatrix}$$

$$r_{12} = \begin{bmatrix} 0.000 & 0.000 & 0.000 & 0.615 & 0.385 & 0.000 \\ 0.000 & 0.000 & 0.000 & 0.265 & 0.735 & 0.000 \end{bmatrix}$$

$$r_{13} = \begin{bmatrix} 0.000 & 0.000 & 0.000 & 0.124 & 0.876 & 0.000 \end{bmatrix}$$

$$r_{14} = \begin{bmatrix} 0.000 & 0.000 & 0.000 & 0.000 & 0.514 & 0.486 \\ 0.000 & 0.000 & 0.000 & 0.000 & 0.472 & 0.528 \\ 0.000 & 0.000 & 0.000 & 0.170 & 0.830 & 0.000 \end{bmatrix}$$

煤炭物流开采流程绿色度隶属度：

$$r_{21} = \begin{bmatrix} 0.000 & 0.000 & 0.000 & 0.000 & 0.600 & 0.400 \\ 0.000 & 0.000 & 0.000 & 0.000 & 0.532 & 0.468 \\ 0.000 & 0.000 & 0.000 & 0.000 & 0.451 & 0.549 \\ 0.000 & 0.000 & 0.000 & 0.000 & 0.366 & 0.634 \\ 0.000 & 0.000 & 0.000 & 0.266 & 0.734 & 0.000 \end{bmatrix}$$

$$r_{22} = \begin{bmatrix} 0.000 & 0.000 & 0.000 & 0.000 & 0.075 & 0.925 \\ 0.000 & 0.000 & 0.000 & 0.611 & 0.389 & 0.000 \\ 0.000 & 0.000 & 0.150 & 0.850 & 0.000 & 0.000 \\ 0.000 & 0.000 & 0.000 & 0.000 & 0.372 & 0.628 \end{bmatrix}$$

$$r_{23} = \begin{bmatrix} 0.000 & 0.000 & 0.000 & 0.000 & 0.193 & 0.807 \end{bmatrix}$$

$$r_{24} = \begin{bmatrix} 0.000 & 0.000 & 0.000 & 0.388 & 0.612 & 0.000 \\ 0.000 & 0.000 & 0.000 & 0.000 & 0.963 & 0.037 \\ 0.000 & 0.000 & 0.663 & 0.337 & 0.000 & 0.000 \\ 0.000 & 0.000 & 0.000 & 0.663 & 0.337 & 0.000 \\ 0.000 & 0.000 & 0.000 & 0.000 & 0.750 & 0.250 \end{bmatrix}$$

$$r_{25} = \begin{bmatrix} 0.000 & 0.067 & 0.100 & 0.166 & 0.400 & 0.267 \end{bmatrix}$$

煤炭物流资源特征隶属度：

$$r_{31} = \begin{bmatrix} 0.000 & 0.000 & 0.000 & 0.000 & 0.420 & 0.580 \\ 0.000 & 0.000 & 0.000 & 0.000 & 0.620 & 0.380 \\ 0.000 & 0.000 & 0.000 & 0.000 & 0.441 & 0.559 \\ 0.000 & 0.000 & 0.000 & 0.000 & 0.130 & 0.870 \end{bmatrix}$$

$$r_{32} = \begin{bmatrix} 0.000 & 0.000 & 0.000 & 0.000 & 0.135 & 0.865 \\ 0.000 & 0.000 & 0.000 & 0.100 & 0.900 & 0.000 \\ 0.000 & 0.000 & 0.000 & 0.000 & 0.625 & 0.375 \\ 0.000 & 0.000 & 0.000 & 0.000 & 0.485 & 0.515 \end{bmatrix}$$

$$r_{33} = \begin{bmatrix} 0.000 & 0.000 & 0.000 & 0.000 & 0.310 & 0.690 \\ 0.000 & 0.000 & 0.000 & 0.000 & 0.432 & 0.568 \end{bmatrix}$$

煤炭物流运输环境绿色度指标隶属度：

$$r_{41} = \begin{bmatrix} 0.000 & 0.033 & 0.101 & 0.133 & 0.433 & 0.300 \\ 0.000 & 0.066 & 0.100 & 0.167 & 0.400 & 0.267 \\ 0.000 & 0.000 & 0.066 & 0.100 & 0.567 & 0.267 \end{bmatrix}$$

$$r_{42} = \begin{bmatrix} 0.000 & 0.000 & 0.000 & 0.000 & 0.720 & 0.280 \\ 0.000 & 0.000 & 0.000 & 0.360 & 0.640 & 0.000 \end{bmatrix}$$

$$r_{43} = \begin{bmatrix} 0.000 & 0.000 & 0.066 & 0.167 & 0.500 & 0.267 \end{bmatrix}$$

$$r_{44} = \begin{bmatrix} 0.000 & 0.034 & 0.033 & 0.200 & 0.400 & 0.333 \end{bmatrix}$$

环境政策、社会属性隶属度：

$$r_{51} = \begin{bmatrix} 0.000 & 0.000 & 0.067 & 0.167 & 0.333 & 0.433 \\ 0.000 & 0.000 & 0.000 & 0.000 & 0.680 & 0.320 \\ 0.000 & 0.032 & 0.034 & 0.234 & 0.365 & 0.335 \end{bmatrix}$$

$$r_{52} = \begin{bmatrix} 0.000 & 0.000 & 0.000 & 0.000 & 0.467 & 0.533 \\ 0.000 & 0.000 & 0.000 & 0.000 & 0.600 & 0.400 \\ 0.000 & 0.000 & 0.000 & 0.000 & 0.575 & 0.425 \end{bmatrix}$$

$$r_{53} = \begin{bmatrix} 0.000 & 0.000 & 0.000 & 0.000 & 0.512 & 0.488 \\ 0.000 & 0.000 & 0.000 & 0.030 & 0.970 & 0.000 \end{bmatrix}$$

第六，煤炭物流绿色度模糊综合评价。

选定适合于煤炭物流绿色度的模糊综合评价合成算子，就可进行最后的综合评价。其中，第 i 个影响煤炭物流绿色度属性的模糊综合评价计算为：

$$b_{ij} = w_{ij} \bullet r_{ij}^T = (w_{ij1}, w_{ij2}, \cdots w_{ijn_j})$$

其中，$R_i = [b_{i1}]$，$B_i = W_i \bullet R_i^T$ 煤炭物流目标层绿色度的模糊综合评价结果为

$$B^0 = S^0 \bullet R$$

（1）三级指标合成运算结果为：

$$b_{11} = w_{11} \bullet r_{11}^T = (0.6091, 0.3909) \bullet \begin{bmatrix} 0.000 & 0.000 & 0.000 & 0.000 & 0.374 & 0.626 \\ 0.000 & 0.000 & 0.000 & 0.000 & 0.582 & 0.418 \end{bmatrix}$$

$$= (0, 0, 0, 0, 0.481, 0.519)$$

$$b_{12} = w_{12} \bullet r_{12}^T = (0.5108, 0.4892) \bullet \begin{bmatrix} 0.000 & 0.000 & 0.000 & 0.615 & 0.385 & 0.000 \\ 0.000 & 0.000 & 0.000 & 0.265 & 0.735 & 0.000 \end{bmatrix}$$

$$= (0, 0, 0, 0.444, 0.556, 0)$$

$$b_{13} = w_{13} \bullet r_{13}^T = (0, 0, 0, 0.125, 0.875, 0)$$

$$b_{14} = w_{14} \bullet r_{14}^T = (0, 0, 0, 0.062, 0.608, 0.330)$$

$$R_1 = \begin{bmatrix} b_{11} \\ b_{12} \\ b_{13} \\ b_{14} \end{bmatrix} = \begin{bmatrix} 0 & 0 & 0 & 0 & 0.481 & 0.519 \\ 0 & 0 & 0 & 0.444 & 0.556 & 0 \\ 0 & 0 & 0 & 0.125 & 0.875 & 0 \\ 0 & 0 & 0 & 0.062 & 0.608 & 0.330 \end{bmatrix}$$

同理可求：

$$R_2 = \begin{bmatrix} b_{21} \\ b_{22} \\ b_{23} \\ b_{24} \\ b_{25} \end{bmatrix} = \begin{bmatrix} 0 & 0 & 0 & 0.051 & 0.532 & 0.417 \\ 0 & 0 & 0 & 0.361 & 0.187 & 0.452 \\ 0 & 0 & 0 & 0 & 0.193 & 0.807 \\ 0 & 0 & 0.161 & 0.273 & 0.507 & 0.059 \\ 0 & 0.062 & 0.105 & 0.167 & 0.400 & 0.266 \end{bmatrix}$$

$$R_3 = \begin{bmatrix} b_{31} \\ b_{32} \\ b_{33} \end{bmatrix} = \begin{bmatrix} 0 & 0 & 0 & 0 & 0.392 & 0.608 \\ 0 & 0 & 0 & 0.037 & 0.607 & 0.356 \\ 0 & 0 & 0 & 0 & 0.393 & 0.607 \end{bmatrix}$$

$$R_4 = \begin{bmatrix} b_{41} \\ b_{42} \\ b_{43} \\ b_{44} \end{bmatrix} = \begin{bmatrix} 0 & 0 & 0.090 & 0.133 & 0.466 & 0.281 \\ 0 & 0 & 0 & 0.153 & 0.687 & 0.160 \\ 0 & 0 & 0.060 & 0.165 & 0.500 & 0.265 \\ 0 & 0.033 & 0.033 & 0.201 & 0.400 & 0.333 \end{bmatrix}$$

$$R_5 = \begin{bmatrix} b_{51} \\ b_{52} \\ b_{53} \end{bmatrix} = \begin{bmatrix} 0 & 0.009 & 0.028 & 0.112 & 0.496 & 0.355 \\ 0 & 0 & 0 & 0 & 0.552 & 0.448 \\ 0 & 0 & 0 & 0.011 & 0.687 & 0.302 \end{bmatrix}$$

（2）二级指标合成运算结果为：

$$B_1 = W_1 \bullet R_1^T = (0.2233, 0.1937, 0.3255, 0.2575) \bullet \begin{bmatrix} 0 & 0 & 0 & 0 & 0.481 & 0.519 \\ 0 & 0 & 0 & 0.444 & 0.556 & 0 \\ 0 & 0 & 0 & 0.125 & 0.875 & 0 \\ 0 & 0 & 0 & 0.062 & 0.608 & 0.330 \end{bmatrix}$$

$$= (0, 0, 0, 0.136, 0.630, 0.234)$$

由最大隶属度原则，可知南关矿业集团煤炭物流绿色度成本属性接近于等级"良好"。

$B_2 = W_2 \bullet R_2^T (0, 0.017, 0.074, 0.183, 0.368, 0.358)$，可见，最大两项隶属度较为接近。计算其煤炭物流开采流程绿色度属性各项指标综合得分，$sore_2 = B_2 \bullet C^T = 84.01$，显然更接近"良好"。

$B_3 = W_3 \bullet R_3^T (0, 0, 0, 0.012, 0.455, 0.533)$，由最大隶属度原则，可知该集团煤炭物流资源特性属于"优秀"；

$B_4 = W_4 \bullet R_4^T (0, 0.015, 0.049, 0.165, 0.508, 0.263)$，由最大隶属度原则，可知该集团煤炭物流运输属性属于"良好"；

$B_5 = W_5 \bullet R_5^T (0, 0.004, 0.011, 0.049, 0.567, 0.369)$，由最大隶属度原则，可知该集团的社会属性属于"良好"。

（3）一级指标合成运算结果为：

$$R = \begin{bmatrix} B_1 \\ B_2 \\ B_3 \\ B_4 \\ B_5 \end{bmatrix} = \begin{bmatrix} 0 & 0 & 0 & 0.136 & 0.630 & 0.234 \\ 0 & 0.017 & 0.074 & 0.183 & 0.368 & 0.358 \\ 0 & 0 & 0 & 0.012 & 0.455 & 0.533 \\ 0 & 0.015 & 0.049 & 0.165 & 0.508 & 0.263 \\ 0 & 0.004 & 0.011 & 0.049 & 0.567 & 0.369 \end{bmatrix}$$

$$B_1 = W_1 \bullet R_1^T$$

$$= (0.2430, 0.2610, 0.1453, 0.2155, 0.1352) \bullet \begin{bmatrix} 0 & 0 & 0 & 0.136 & 0.630 & 0.234 \\ 0 & 0.017 & 0.074 & 0.183 & 0.368 & 0.358 \\ 0 & 0 & 0 & 0.012 & 0.455 & 0.533 \\ 0 & 0.015 & 0.049 & 0.165 & 0.508 & 0.263 \\ 0 & 0.004 & 0.011 & 0.049 & 0.567 & 0.369 \end{bmatrix}$$

$$= (0, 0.009, 0.032, 0.125, 0.510, 0.324)$$

按照最大隶属度原则，

$$Score = (0, 0.0096, 0.032, 0.125, 0.510, 0.324) \bullet \begin{bmatrix} 100 \\ 85 \\ 70 \\ 50 \\ 30 \\ 10 \end{bmatrix} = 84.73$$

可见，基于模糊综合评价法的煤炭物流绿色度模型对煤炭物流运输环节进行综合评价的分值与南关矿业集团煤炭运输物流企业实际绿色度调研结果较为接近。不难发现，煤炭物流运输环节绿色度方面需要从基础设施建设、法治法规健全、绿色意识普及等方面需要进一步完善。

参 考 文 献

[1]鲍明杰.低碳经济下绿色物流管理策略研究[J].铁路采购与物流,2023,18（11）：52-54.

[2]柴畅,聂莉斌."双碳"目标下煤炭安全生产法律制度问题初探：以山西省为例[J].长治学院学报,2023,40（4）：28-32.

[3]陈桂斌.现代煤炭物流贸易综合统计指标的构建与完善研究[J].河北企业,2020（12）：28-29.

[4]党旭艳.煤炭贸易中的物流管理研究[J].中国航务周刊,2023（7）：52-54.

[5]丁敏."双碳"目标导向对我国沿海港口化石能源运输市场的影响[J].中国港口,2021（11）：1-6.

[6]范晶晶.煤炭企业物流供应链可视化管理平台[J].物流工程与管理,2022,44（10）：52-54.

[7]冯锡茂.我国煤炭物流与供应链发展现状和趋势[J].中国产经,2023（13）：164-166.

[8]何金祥,郭娟,朱先云,等.世界前三大煤炭出口国煤炭业发展状况[J].国土资源情报,2021（9）：16-22.

[9]李帮东.经济全球化趋势下中国煤炭贸易持续性探讨[J].内蒙古煤炭经济,2019（21）：78.

[10]李可欣.世界煤炭贸易趋势对中国煤炭市场的影响研究[J].内蒙古煤炭经济,2023（13）：76-78.

[11]李小利.美国煤炭出口政策的变化及其影响[J].质量与认证,2021（9）：86-87.

[12]梁跃强,刘具,秦坤,等.世界一流煤炭企业建设的思路和路径[J].中国煤炭,2023（12）：26-31.

[13]刘传庚.中国煤炭行业绿色发展报告 2020[M].北京：中国经济出版社,2020.

[14]刘闯,蓝晓梅.世界煤炭供需形势分析[J].中国煤炭,2020,46（4）：99-104.

[15]刘子成,燕志鹏.碳排放、煤炭消费与经济发展的脱钩效应分析[J].经济问题,2023（7）：38-43.

[16]梅坷.浅析供应链环境下的煤炭企业物流成本管理[J].内蒙古煤炭经济,2023

（19）：85-87.

[17]庞敏.基于供应链的现代煤炭物流体系构建方法探究[J].内蒙古煤炭经济，2022（7）：115-117.

[18]乔涵."碳达峰"目标下内蒙古煤炭供需情景预测及产业转型路径研究[J].内蒙古煤炭经济，2023（5）：111-114.

[19]史新超.煤炭物流运输的模式选择与效率评价研究[J].中国航务周刊，2023（52）：79-81.

[20]宋欣迪，田原，吴凯.煤炭企业煤炭物流体系优化建设研究[J].中国物流与采购，2023（19）：75-76.

[21]王茂全.论煤炭贸易常见风险与预防措施[J].现代工业经济和信息化，2022，12（3）：209-211.

[22]王尚敏.信息化技术在矿井储量动态变化掌控中的应用[J].内蒙古石油化工，2022，48（8）：96-98.

[23]王潇.浅议我国煤炭进出口现状和发展趋势[J].科技视界，2018（30）：205-206.

[24]翟磊.对大型煤炭集团现代物流产业创新与发展的分析[J].中外企业家，2020（10）：90.

[25]赵智怡，仲淑姮.基于文献计量的中国煤炭行业物流管理现状研究[J].煤炭经济研究，2022，42（2）：37-42.

[26]周洋帆，邢虎松，张桐.我国港口煤炭物流供应链发展形势分析[J].中国港口，2023（2）：16-18.